burda

Kartoffeln

Über 200 Rezeptideen von einfach bis raffiniert

Pawlak

INHALT

Schön rötlich die Kartoffeln sind und weiß wie Alabaster ...

und sind für Mann und Weib und Kind ein rechtes Magenpflaster" – so dichtete einst Matthias Claudius in seinem „Wandsbeker Boten", nachdem die Kartoffel sich als Hauptnahrungsmittel der Deutschen durchgesetzt hatte – was mit einigen Schwierigkeiten verbunden war!

Aber kaum einmal anerkannt, erlebte die von der rötlichen inzwischen zu einer eher bräunlich gefärbten Außenhaut gezüchtete Knolle eine Verehrung sondergleichen. Dichter haben ihr Loblied gesungen, Maler haben sie – des Lobes voll – auf die Leinwand gebannt. Und das gewiß nicht zu Unrecht, denn die Kartoffel ist mehr als ein Volksnahrungsmittel. Sie kann höchsten Eßgenuß vermitteln, wenn sie liebevoll behandelt, das heißt zubereitet, und mit den ihr würdigen Beigaben serviert wird.

Während Hungersnöten war sie oft das einzige Nahrungsmittel für viele Menschen, heute ist die Kartoffel für zahlreiche Gerichte die optimale Beilage. Auch als Einzelgericht hat sie eigentlich nie ihren Reiz verloren – nur muß manch einer diesen erst wieder entdecken. Und dazu soll dieses Buch beitragen, in dem Sie die schönsten Kartoffelgerichte finden – von einfach bis raffiniert.

Eine Knolle mit bewegter Geschichte

Für die Europäer ist die Kartoffel eigentlich ein recht „junges" Gemüse. Erst vor gut 450 Jahren wurde sie hier als vollwertiges Nahrungsmittel akzeptiert. Die Hungersnöte während und nach dem Dreißigjährigen Krieg haben hierzu sicher beigetragen.
Genaugenommen kam die braune Knolle gerade zur rechten Zeit. An Kornanbau war auf den zerstörten Feldern nicht zu denken, es gedieh lediglich die anspruchslose Kartoffel.
Die Heimat der Kartoffel ist Peru. Von dort aus gelangten die „Papas", wie die Kartoffeln von den Ureinwohnern genannt wurden, über die benachbarten Gebiete bis nach Mittelamerika.
Als die Konquistadoren, die spanischen Eroberer, über diese Länder ihre Schreckensherrschaft verbreiteten, war die Kartoffel dort schon jahrhundertelang Volksnahrungsmittel. Die Hochlandindianer Perus hatten sogar eine Methode entwickelt, die es ermöglichte, Kartoffeln in einer Art Gefriertrocknung zum wichtigsten Wintervorrat zu machen.
Ganz sicher brachten die Konquistadoren die Kartoffelpflanze an den spanischen Hof, aber nicht der Knollen wegen, sondern wegen der dekorativen Blüten des Kartoffelstrauches. Lange fristeten die Pflanzen ein Dasein als exotischer Beitrag in vornehmen Gärten. Von der unglücklichen Marie Antoinette wird

berichtet, daß sie sich anläßlich eines Gartenfestes mit einem Kranz von Kartoffelblüten schmückte.
Der erste, der die Kartoffel als Nahrungsmittel nach Europa brachte, war vermutlich ein Sklavenhändler namens John Hawkins. Er ließ sie in seiner irischen Heimat anbauen, jedoch ohne nennenswerte Resonanz bei seinen Landsleuten und schon gar nicht in der übrigen „Welt".
In alten Büchern kann man nachlesen, daß 1580 der berühmte Naturforscher Hieronymus Cardanus die Kartoffel in Italien einführte und dort anbauen ließ. Aber auch diese Bemühungen verliefen offensichtlich buchstäblich im Sande.
Viele Historiker neigen dazu, Sir Walter Raleigh – ursprünglich Pirat, dann Admiral im Dienste von Königin Elizabeth I. von England, – das Verdienst zukommen zu lassen, die Kartoffel für Europa entdeckt zu haben. Aber nicht er war es, sondern der ihn nach Mittelamerika begleitende Wissenschaftler Thomas Heriot, der sich Saatgut für seine großen Güter in Irland mitbrachte.
Es ist sicherlich nur eine Anekdote, daß Sir Thomas beim ersten Betrachten der neuen Pflanzen die winzigen Früchte des Kartoffelstrauches kostete und, verärgert über deren schlechten Geschmack, dem Gärtner befahl, die Pflanzen wieder auszureißen. Um dann ganz überrascht die heute so begehrten Knollen unter der Erde zu finden.
Jedenfalls wurden die Knollen nun in Irland und damit auch in England bekannt.
Neuere Untersuchungen wollen wissen, daß Sir Francis Drake die Pflanze schließlich von Großbritannien nach Holland gebracht habe. Ältere Schriften

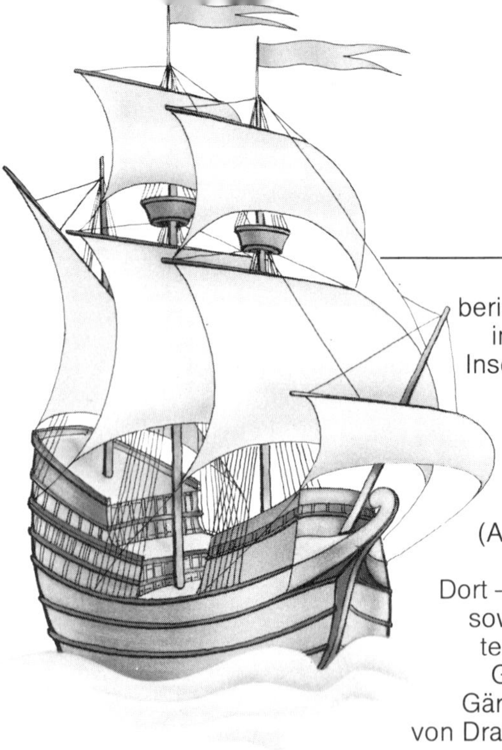

berichten, daß er die Kartoffel 1578 in Peru oder einer vorgelagerten Insel kennengelernt und ihren Wert für seine Schiffsmannschaften erkannt habe, denen es an Frischgemüse mangelte. Auf seiner Rückreise soll er die Pflanzen zuerst nach Virginia (Amerika), später dann nach England importiert haben.
Dort – so die Geschichte – soll er sie sowohl dem damals wohl berühmtesten englischen Botaniker John Gerard als auch seinem eigenen Gärtner gegeben haben. Und eben von Drakes Gärtner wird erzählt, daß er genauso reagiert habe wie Thomas Heriot: Er riß die Pflanzen wegen des angeblichen Mißerfolgs wieder aus. Nur mit dem Unterschied, daß Francis Drake ihn heuchlerisch dazu aufgefordert habe!
Anders dagegen der Botaniker Gerard. Er hatte den Wert der braunen Knolle rasch erkannt, insbesondere für die unter der Vitaminmangelkrankheit Skorbut leidenden Schiffsbesatzungen und die ärmeren Bevölkerungsschichten. Gerard versandte Saatgut und Knollen an befreundete Wissenschaftler, vor allem in den Niederlanden und in Belgien, die diese Anregung begeistert aufnahmen.
Wir wissen wenig darüber, durch wen und wann die Kartoffel nach Spanien kam. Vermutlich wurde sie in Andalusien aber schon früher als in Mitteleuropa angebaut, wo sie seither – für Touristen oft überraschend – nicht nur als Beilage vieler Gerichte außerordentlich geschätzt wird.
Aber verfolgen wir den Weg der Kartoffel noch weiter. Der Dreißigjährige Krieg hatte sie der Bevölkerung als Alternative nahegebracht, allerdings vorwiegend im Süden und Westen. Östlich der Elbe war die Kar-

toffel auch noch gut 100 Jahre später keines Feldes wert. Weder die Sachsen mit ihren fruchtbaren Gemüsegebieten, noch die Preußen mit ihrem für die Kartoffel so guten Sandboden, konnten sich für die Knolle begeistern. Bis Friedrich der Große, der „Alte Fritz", kam. Er brauchte während seiner Kriege ein Nahrungsmittel, das unkompliziert im Anbau und von hoher Qualität war. Doch konnte er „seine" Bauern von dem Wert der Kartoffel nicht überzeugen und griff deshalb zu einer List: Er ließ Kartoffeln anbauen und die Felder von Soldaten bewachen. Jedermann sollte glauben, daß dort etwas ganz Besonderes gedeihe. Und die Rechnung ging auf: Die Feldfrüchte wurden, kaum sichtbar, gestohlen – unter den zugedrückten Augen der Soldaten! Und erst einmal probiert, fanden die Bauern Gefallen an der „neuen" Frucht und bauten sie selbst an.
Seither haben sich die Deutschen, neben den Iren, zu den Kartoffelessern schlechthin entwickelt. Nicht „das Kraut", das ihnen im Ausland den Spitznamen „Krauts" einbrachte, ist ihre große Liebe: Nach neuesten Untersuchungen spielen in den meisten Haushalten Kartoffeln die wichtigste Rolle als Nahrungsmittel. So werden sie fast täglich als Beilage zum Hauptgericht oder als eigenständiges Gericht serviert. Zwar gab es Zeiten, wo bei uns der Pro-Kopf-Verbrauch etwa 120 Kilogramm im Jahr betrug, aber auch heute noch liegt der Durchschnittsverbrauch bei 90 Kilogramm, eine Menge, die kein anderes Grundnahrungsmittel für sich beanspruchen kann.

Erst verkannt, dann heiß geliebt

Die Kartoffel

‚Aschenputtel unter den Gemüsen' wurde die Kartoffel einmal genannt. Ein sehr treffender Vergleich. Zuerst unansehnlich, mit rauher Schale, ohne Geschmack und Geruch. Aber dann, zwar nicht durch Zauberhand, sondern schlicht mit Hilfe von Wasser und Dampf, wird sie eine wahrhaft königliche Frucht, bei der es auf das Äußere gar nicht mehr ankommt, sondern nur auf die inneren Werte.

Suppen von fein bis deftig

Für die Menschen aller Länder, in denen Kartoffeln gegessen werden, sind sie oft auch Grundlage oder Bestandteil von Suppen. Wie viele Kartoffelsuppenrezepte es allein in den deutschen Landschaftsküchen gibt, kann wohl niemand sagen, denn der neutrale Geschmack der Kartoffel macht es möglich, daß schon mit wenigen veränderten Zutaten eine ganz neue, köstliche Suppe entsteht.
Wo bäuerliche Einflüsse überwiegen, sind die Suppen deftig und sättigend. Wo die feinere Küche zu Hause ist, sind die Suppen zart oder pikant. Selbst die gehobene Restaurantküche hat die Kartoffel als Suppengrundlage längst entdeckt, was sie am Beispiel der vorzüglichen Crème Vichyssoise beweist.

Kartoffelsuppe ‚Russische Art'

4 Portionen à ca. 1860 kJ (445 kcal)*

1½ l kräftige Fleischbrühe, 750 g magere Hochrippe, 1 Bund Suppengrün, 1 Lorbeerblatt, 1 Eßl. getrockneter grüner Pfeffer, 1 Eßl. schwarzer Pfeffer, 250 g Kartoffeln, 50 g getrocknete Aprikosen, 250 g Tomaten, ½ Bund Kerbel.

Die Fleischbrühe zum Kochen bringen und das Fleisch einlegen. Zugedeckt bei milder Hitze 2 Stunden mehr ziehen als kochen lassen. Nach 30 Minuten Garzeit das geputzte, gewaschene und grob zerkleinerte Suppengrün, das Lorbeerblatt, den grünen und schwarzen Pfeffer dazugeben.
Die gewaschenen Kartoffeln schälen und in Scheiben schneiden. Die Aprikosen gründlich waschen und längs halbieren.
Das Fleisch aus der Brühe nehmen und die Brühe durchsieben. Kartoffeln und Aprikosen 20 Minuten in der Brühe leise köcheln lassen, so daß die Kartoffelscheiben gar, aber nicht zerfallen sind.
In der Zwischenzeit das Fleisch in kleine Würfel schneiden. Die Tomaten überbrühen, die Haut abziehen, die grünen Stengelansätze entfernen und die Kerne ausdrücken. Das Fruchtfleisch fein würfeln.
Den gewaschenen, trockengeschwenkten Kerbel grob hacken. Tomatenwürfel und Fleisch in eine vorgewärmte Terrine füllen, mit der heißen Suppe begießen. Die Suppe mit Kerbel bestreut servieren. Dazu Kartoffelchips oder Salzbrezeln reichen.

Kartoffelsuppe mit Schinken

4 Portionen à ca. 1505 kJ (360 kcal)*

1 Schinkenknochen, 1¼ l Wasser, 750 g mehlig festkochende Kartoffeln, 2 Bund Suppengrün, 1 Bund glatte Petersilie, ½ kleiner Blumenkohl, 1 Schuß Essig, Salz, weißer Pfeffer aus der Mühle, geriebene Muskatnuß, 100 g Crème fraîche, 125 g roher Schinken oder Lachsschinken.

Schinkenknochen schon vom Fleischer in 3 Teile zersägen lassen. Mit dem Wasser aufkochen und zugedeckt 1 Stunde köcheln lassen.
In der Zwischenzeit die gewaschenen Kartoffeln schälen und vierteln. Das Suppengrün putzen und mittelgrob hacken. Die Petersilie abspülen, trockenschwenken und die Blättchen abschneiden. Den Blumenkohl in Röschen teilen, die Röschen in einer Schüssel mit Essigwasser beiseite stellen, den Strunk schälen. Alles, außer den Blumenkohlröschen, zu dem Schinkenknochen geben und in 30 Minuten weichkochen lassen. 10 Minuten vor Ende der Garzeit die Blumenkohlröschen in kochendem Wasser 10 Min. blanchieren.
Den Schinkenknochen aus der Suppe nehmen und die Suppe durch ein Sieb streichen. Mit Salz, Pfeffer und Muskatnuß abschmecken, mit der Crème fraîche verrühren. Den Schinken in Streifen schneiden. Die Suppe wieder erhitzen, in eine Terrine füllen und mit den Blumenkohlröschen und Schinkenstreifen garnieren.
Dazu Mohnstangen reichen.

Klare
Kartoffelbouillon

Märkische
Kartoffelsuppe

Tomaten-
Kartoffelsuppe

Rezepte nächste Seite

Klare Kartoffelbouillon

4 Portionen à ca. 775 kJ (185 kcal)*

350 g Suppenfleisch (Querrippe oder Brust), 250 g Suppenknochen, 1½ l Wasser, 1 Bund Suppengrün, 1 Zweig Thymian, 1 Bund glatte Petersilie, 1 Teel. Salz, 1 Teel. schwarze Pfefferkörner, 1 Zwiebel, 1 Lorbeerblatt, 500 g festkochende Kartoffeln, 300 g TK-Erbsen, 150 g frische Scampi.

(Foto Seite 14/15)

Suppenfleisch und die zuvor abgespülten Suppenknochen mit dem kalten Wasser aufsetzen, zum Kochen bringen und zugedeckt 1½ Stunden köcheln lassen. Nach 30 Minuten geputztes, grob zerkleinertes Suppengrün, Thymian, ½ Bund Petersilie, Salz, Pfefferkörner und die geschälte, mit dem Lorbeerblatt gespickte Zwiebel dazugeben. Die Brühe durch ein Haarsieb gießen, wenn nötig noch ein zweites Mal durch ein mit einem Mulltuch ausgelegtes Sieb geben.
Während der Kochzeit die gewaschenen Kartoffeln schälen und in gleichmäßige Würfel schneiden. In kochendem Salzwasser 5 Minuten blanchieren, dann kurz unter kaltem Wasser abschrecken.
½ l durchgesiebte Brühe zum Kochen bringen. Die Kartoffelwürfel und die unaufgetauten Erbsen hineingeben und so lange kochen, bis die Erbsen gar sind, das dauert etwa 8 Minuten. In eine Terrine füllen, die abgespülten Scampi dazugeben. Mit der übrigen, wieder erhitzten Brühe auffüllen und die restliche grob gehackte Petersilie darüberstreuen.
Dazu Bauernbrot reichen.

Tomaten-Kartoffelsuppe

4 Portionen à ca. 1295 kJ (310 kcal)*

500 g vollreife Suppentomaten, 2 Zwiebeln, 1 Knoblauchzehe, 1 l Fleischbrühe, Salz, 1 Teel. Zucker, schwarzer Pfeffer aus der Mühle, 300 g festkochende Kartoffeln, 250 g Kalbsbratwurstbrät, ½ Bund Kerbel.

(Foto Seite 14/15)

Tomaten waschen, halbieren und von den grünen Stengelansätzen befreien. Zusammen mit den geschälten, geviertelten Zwiebeln und der geschälten Knoblauchzehe in die heiße Fleischbrühe geben und zugedeckt 30 Minuten köcheln lassen. Durch ein Sieb streichen und mit Salz, Zucker und Pfeffer abschmecken.
In der Zwischenzeit die Kartoffeln schälen und gleichmäßig würfeln. Die Tomatensuppe wieder aufkochen und die Kartoffelwürfel darin in 15 Minuten garen. Wurstbrät zu haselnußgroßen Klößchen formen und 5 Minuten vor Ende der Garzeit in die Suppe geben. Sie sollte nur köcheln.
In eine vorgewärmte Terrine füllen und mit Kerbelblättchen bestreut servieren.
Dazu in Butter geröstetes und mit Knoblauch eingeriebenes Weißbrot reichen.

Tip *Wenn Suppentomaten nicht auf dem Markt sind oder man es eilig hat, kann man Tomaten aus der Dose (pomodori pelati) oder Tomatensaft als Suppengrundlage verwenden.*

Märkische Kartoffelsuppe

4 Portionen à ca. 2050 kJ (490 kcal)*

125 g durchwachsener Speck, 2 Zwiebeln, 2 Stangen Lauch, ½ Sellerieknolle, 3 Möhren, 1 Petersilienwurzel, 1½ l Fleischbrühe, 800 g mehlige Kartoffeln, 1 Lorbeerblatt, 10 Pfefferkörner, 6 Pimentkörner, 3 Wacholderbeeren, 1 Teel. Kümmel, ⅛ l dicke saure Sahne, geriebene Muskatnuß, ½ Teel. Majoran, Salz, schwarzer Pfeffer, 1 Eßl. gehackte Petersilie.

(Foto Seite 14/15)

Den Speck würfeln und bei nicht zu starker Hitze in einem großen Topf langsam auslassen. In der Zwischenzeit die Zwiebeln schälen und hacken, Lauch, Sellerie, Möhren und Petersilienwurzel putzen und ebenfalls hacken. Die Speckgrieben aus dem Topf nehmen und beiseite stellen. Zwiebeln und Gemüse in dem Speckfett andünsten, aber nicht bräunen lassen. Ebenfalls aus dem Topf nehmen.
Die geschälten Kartoffeln in etwa 2 cm große Würfel schneiden und mit der Fleischbrühe in den Topf geben. Lorbeerblatt, Pfeffer- und Pimentkörner, Wacholderbeeren und Kümmel in ein Mullsäckchen oder eine Filtertüte geben und hinzufügen. Die Kartoffeln etwa 30 Minuten kochen lassen. Dann die Gewürze wieder entfernen. Die Kartoffeln mit einem Stampfer zerdrücken und mit der Sahne mischen. Jetzt erst das Gemüse hinzufügen und die Suppe wieder erwärmen. Mit Muskatnuß, Majoran, Salz und Pfeffer abschmecken. In eine vorgewärmte Terrine füllen und mit Speckgrieben und Petersilie bestreut servieren.
Dazu frisches Bauernbrot reichen.

TIP *Im Sommer, wenn möglich, frischen Majoran und, je nach Geschmack, etwas Thymian an die Suppe geben.*

Lauch-Kartoffelsuppe

4 Portionen à ca. 1945 kJ (465 kcal)*

500 g Lauch, 40 g Butter, ½ Sellerieknolle, 2 Möhren, 1000 g mehlige Kartoffeln, 1½ l kräftige Fleischbrühe, Salz, weißer Pfeffer, 100 g durchwachsener Speck.

Lauch putzen und waschen. Die hellen Teile beiseite legen, die dunklen Teile in dünne Streifen schneiden und in der Butter glasig braten. Die Sellerieknolle, die Möhren und die gewaschenen Kartoffeln schälen und in Scheiben schneiden. Zu dem Lauch geben und mit Fleischbrühe auffüllen. Zugedeckt 30 Minuten köcheln lassen. Dann durch ein Sieb streichen oder, leicht abgekühlt, im Mixer pürieren. Mit Salz und Pfeffer würzen und wieder erhitzen.
Zwischendurch die hellen Lauchteile in etwa 2 mm dicke Ringe schneiden. Den Speck würfeln und auslassen, die Lauchringe darin glasig braten. Die Suppe in eine Terrine füllen, mit Lauch und Speck übergossen servieren.
Dazu kräftiges Bauernbrot und nach Belieben noch Knackwürstchen reichen.

Kartoffel-Schnecken-Suppe

4 Portionen à ca. 1860 kJ (445 kcal)*

350 g mehlige Kartoffeln, 350 g dünne Lauchstangen, 75 g durchwachsener Speck, 2 Knoblauchzehen, 1 l Hühnerbrühe, Salz, schwarzer Pfeffer aus der Mühle, ¼ l Sahne, 24 Schnecken aus der Dose (ca. 400 g).

Die gewaschenen Kartoffeln schälen und in Würfel schneiden. Den Lauch putzen, in dünne Ringe schneiden. Etwas grünen Lauch zum Garnieren zurückbehalten. Den Speck würfeln und in einem großen Topf auslassen. Die Grieben entfernen. In dem Speckfett die geschälte, feingehackte Knoblauchzehe und den Lauch anbraten, bis er glasig wird.
Die Kartoffeln hinzufügen und alles mit der Brühe aufgießen. Mit Salz und Pfeffer abschmecken und bei milder Hitze 25 Minuten köcheln lassen. Dann die Suppe durch ein Sieb streichen oder im Mixer pürieren. Die Sahne und die Schnecken mit ihrem Sud unter die Suppe rühren und diese noch mal erhitzen, aber nicht aufkochen lassen. In Suppentassen füllen und mit Lauch und Speckgrieben bestreuen.
Dazu ofenwarmes Stangenweißbrot und Kräuterbutter reichen.

Clam Chowder

(Muschel-Kartoffelsuppe)

4 Portionen à ca. 2320 kJ (555 kcal)

250 g tiefgekühlte Venus- oder Jakobsmuscheln, 500 g mehlig festkochende Kartoffeln, 4 Schalotten, 100 g Schinkenspeck, 20 g Butter, ½ l kräftige Rinderbouillon, ¼ l Milch, ¼ l Sahne, Salz, schwarzer Pfeffer aus der Mühle, 1–2 Spritzer Tabascosauce, einige Stengel glatte Petersilie.

Venus- oder Jakobsmuscheln genau nach Vorschrift auftauen lassen.
Die gewaschenen Kartoffeln schälen und würfeln. Schalotten schälen und fein hacken.
Den Schinkenspeck in kleine Würfel schneiden und in der Butter anbraten. Die Schalotten dazugeben und glasig werden lassen. Nun die Kartoffeln zufügen und mit der Rinderbouillon auffüllen. Im geschlossenen Topf bei nicht zu starker Hitze 30 Minuten kochen, bis die Kartoffeln ganz sämig sind.
Milch, Sahne und die Muscheln dazugeben, die Suppe noch einmal fast aufkochen lassen. Die Muscheln in 10 Minuten garziehen lassen.
Die Suppe mit Salz, Pfeffer und etwas Tabascosauce abschmecken. In eine vorgewärmte Terrine oder in Suppentassen füllen und mit Petersilie garnieren.
Dazu frische Käsestangen reichen.

Tip *Venusmuscheln gibt es auch in Dosen. Sie werden mit ihrem Sud unter die Suppe gemischt. Dann braucht man jedoch nur ⅜ l Rinderbouillon.*

Kartoffel-
Schnecken-Suppe

Clam
Chowder

Kartoffel-Kräuter-Cremesuppe

4 Portionen à ca. 1885 kJ (450 kcal)*

1000 g mehlige Kartoffeln, 1 großes Bund gemischte Kräuter der Saison (ersatzweise 1½ Päckchen tiefgekühlte „8 Kräuter“), 50 g Sauerampfer, 1 Zwiebel, 50 g Butter, 1½ l kräftige Rinderbrühe, 1 Becher Schlagsahne (200 g), Salz, schwarzer Pfeffer aus der Mühle, 1 Prise Zucker.

Gewaschene Kartoffeln schälen und in Würfel schneiden. Die Kräuter und den Sauerampfer abspülen, trockenschwenken und hacken. Die geschälte Zwiebel ebenfalls hacken. Von den Kräutern 2 Eßlöffel abnehmen und zugedeckt beiseite stellen.
Die Butter in einem großen Topf erhitzen. Kartoffeln, Kräuter, Sauerampfer und Zwiebel darin unter Rühren so lange andünsten, bis die Zwiebel glasig ist. Dann mit der Rinderbrühe auffüllen und alles zugedeckt 30 Minuten köcheln lassen. Durch ein Sieb streichen oder, leicht abgekühlt, im Mixer pürieren.
Die Hälfte der Sahne mit der Suppe verrühren und diese mit Salz, Pfeffer und Zucker abschmecken. Die restliche Sahne halb steif schlagen. Die heiße Suppe in eine vorgewärmte Terrine füllen und die Schlagsahne ganz leicht unterziehen, sie soll sichtbar sein.
Die Suppe mit den restlichen Kräutern bestreut servieren.
Dazu frisches Stangenweißbrot reichen.

Serbische Kartoffelsuppe

4 Portionen à ca. 2450 kJ (585 kcal)

750 g festkochende Kartoffeln, 500 g rote Paprikaschoten, 1¼ l kräftige Fleischbrühe, 2 Lorbeerblätter, 4 Zwiebeln, 2 Knoblauchzehen, 4 Eßl. bestes Olivenöl, 500 g Rinderhack, 1 Eßl. Paprika edelsüß, 1 Teel. Paprika rosenscharf, 1 Teel. gerebelter Thymian, etwas Salz.

Die gewaschenen Kartoffeln schälen und in kleine Würfel schneiden. Die Paprikaschoten putzen und ebenfalls würfeln. Beides zusammen mit der Fleischbrühe und den Lorbeerblättern in einen Topf geben. Zum Kochen bringen und zugedeckt in 25 Minuten gar kochen.
In der Zwischenzeit die Zwiebeln und die Knoblauchzehen schälen und hacken. In dem heißen Olivenöl glasig braten. Das Rinderhack dazugeben und anbraten. Dabei immer wieder mit dem Pfannenwender auseinanderdrücken. Wenn das Fleisch Farbe genommen hat, beide Paprikasorten darüberstäuben und unterrühren. Die Mischung 5 Minuten vor Ende der Garzeit an die Suppe geben. Mit Thymian und eventuell noch etwas Salz abschmecken.
Dazu schmeckt Fladenbrot besonders gut. Man kann jedoch auch frisches Landbrot oder Weißbrot reichen.
Variation: Statt Rinderhack 300 g Bratwurstbrät in die Suppe geben.

Grüne Kartoffelsuppe

4 Portionen à ca. 1340 kJ (320 kcal)*

750 g mehlig festkochende Kartoffeln, 2 Möhren, ½ Sellerieknolle, 2 Zwiebeln, 1 Knoblauchzehe, 1 Petersilienwurzel, 1 Stange Lauch, 150 g Spinat oder Sauerampfer, 40 g Gänseschmalz, 1¼ l kräftige Fleischbrühe, Salz, weißer Pfeffer, 1 Eßl. frische Majoranblättchen (ersatzweise 1 Teel. getrockneter Majoran), ⅛ l saure Sahne oder Crème fraîche.

Die gewaschenen Kartoffeln schälen und würfeln. Möhren, Sellerie, Zwiebeln, Knoblauch und Petersilienwurzel ebenfalls schälen und fein hacken. Den Lauch putzen und in dünne Ringe schneiden. Spinat oder Sauerampfer verlesen, waschen und hacken.
Schmalz in einem großen Topf erhitzen und das vorbereitete Gemüse bis auf die Kartoffeln und den Spinat oder Sauerampfer darin so lange anbraten, bis die Zwiebeln glasig sind. Den Spinat oder Sauerampfer dazugeben, unter Rühren 1 Minute dünsten. Die Kartoffeln hineingeben und alles mit der Brühe auffüllen. Zugedeckt 30 Minuten bei mittlerer Hitze köcheln lassen. Die Suppe dann durch ein Sieb streichen. Mit Salz und Pfeffer nachwürzen. Die feingehackten Majoranblättchen dazugeben. Die Suppe noch mal bis kurz vorm Kochen erhitzen, mit saurer Sahne oder Crème fraîche mischen und sofort servieren.
Dazu frisches Bauernbrot reichen.

Tip *Im Sommer können statt Spinat außer Sauerampfer auch Kerbel, Borretsch, glatte Petersilie oder Basilikum an die Suppe gegeben werden. Dann jedoch nicht mit Pfeffer würzen.*

Kartoffelsuppe ‚Häusler Art'

4 Portionen à ca. 1400 kJ (335 kcal)*

1000 g mehlige Kartoffeln, 2 Möhren, etwa 1 l heiße Milch, 1 Knoblauchzehe, Salz.

Kartoffeln waschen, schälen und vierteln. Die Möhren schälen und in große Stücke schneiden. Beides zusammen in wenig Wasser weichkochen. Abgießen und sofort durch die Kartoffelpresse drücken. Rasch die heiße Milch unterrühren. Die Menge richtet sich nach der gewünschten Konsistenz. Soll die Suppe flüssiger sein, gibt man etwas mehr Milch dazu.
Die geschälte Knoblauchzehe mit dem Salz zerdrücken und in die Suppe geben. Mit Salz abschmecken.

Tip *Die Suppe wurde früher von den armen Bauern und Waldarbeitern der Schwarzwaldtäler auf diese Weise zubereitet. Dazu gab es nur Brot. Heute werden zu der Suppe oft süße Apfelküchle oder leicht geräucherte grobe Mettwürstchen („Bauernbratwürste") serviert, die man etwa 15 Min. in der Suppe erwärmt, was ihr einen angenehmen Rauchgeschmack gibt.*

Crème Vichyssoise

4 Portionen à ca. 2115 kJ (505 kcal)

**400 g Lauch,
1 Zwiebel,
40 g Butter oder Butterschmalz,
400 g mehlig festkochende Kartoffeln,
3/8 l feine Rinder- oder Hühnerbrühe,
1/4 l Milch,
3/8 l Sahne,
Salz, weißer Pfeffer,
Cayennepfeffer,
1 Bund Schnittlauch.**

Lauch putzen und die grünen Blatteile entfernen. Den Lauch dann in dünne Scheiben schneiden. Die Zwiebel schälen und fein hacken. Butter oder Butterschmalz in einem großen Topf erhitzen, Lauch und Zwiebel darin glasig braten. Die gewaschenen Kartoffeln schälen und in kleine Würfel schneiden. In den Topf geben und mit der Brühe auffüllen. Die Suppe zugedeckt bei mittlerer Hitze 35 Minuten köcheln lassen. Die kalte Milch unterrühren. Das ganze im Mixer pürieren und anschließend durch ein feines Haarsieb streichen. Mit 1/4 l Sahne mischen, mit Salz, weißem Pfeffer und Cayennepfeffer abschmecken und erkalten lassen.
Die restliche Sahne nicht ganz steif schlagen. Die kühle Suppe in eine Terrine füllen, die Schlagsahne locker untermischen. Die Suppe mit Schnittlauchröllchen bestreut servieren.
Dazu frisches Stangenweißbrot oder warme Cocktailbrötchen mit gesalzener Butter reichen.

Kalte Tomaten-Kartoffel-Creme

4 Portionen à ca. 1400 kJ (335 kcal)*

**750 g Suppentomaten,
500 g mehlig kochende Kartoffeln,
2 Zwiebeln,
1 Knoblauchzehe,
1 Bund Petersilie,
1/4 l Fleischbrühe,
1/4 l Sahne,
Salz, weißer Pfeffer aus der Mühle,
2 schnittfeste Tomaten,
einige Zweige Melisse, Majoran oder Basilikum.**

Die Suppentomaten waschen, vierteln und von den grünen Stengelansätzen befreien. Die gewaschenen Kartoffeln schälen und grob würfeln. Zwiebeln und Knoblauchzehen ebenfalls schälen und hacken. Die Petersilie waschen und die Blättchen abschneiden. Alles zusammen mit der Fleischbrühe in einen Topf geben und zugedeckt 30 Minuten köcheln lassen. Durch ein Sieb streichen, mit der Sahne mischen und mit Salz und Pfeffer abschmecken. Abkühlen lassen, dann im Kühlschrank ganz erkalten lassen.
Die Tomaten häuten, vierteln, entkernen und das Fruchtfleisch in Würfel schneiden. Die Kräuter abspülen, trockenschwenken und die Blättchen abzupfen.
Die Suppe in eine Terrine füllen, eventuell einige Eiswürfel hineingeben. Mit Tomatenwürfelchen und Kräutern garniert servieren.
Dazu warme Cocktailbrötchen oder aber Käsestangen reichen.

Crème Vichyssoise

Kalte Tomaten-Kartoffel-Creme

Saure Brieh

4 Portionen à ca. 2760 kJ (660 kcal)

250 g geräucherter Schweinebauch, 1¼ l Wasser, Salz, 1 Lorbeerblatt, 500 g Kartoffeln, 2 Bund Suppengrün, weißer Pfeffer, Essig, 2 Scheiben Roggenbrot, je 50 g Blut- und Leberwurst, 40 g Schweineschmalz.

Schweinebauch in das kochende, gesalzene Wasser geben, das Lorbeerblatt zufügen. Zugedeckt 30 Minuten köcheln lassen.
In der Zwischenzeit die gewaschenen Kartoffeln schälen und in Würfel schneiden. Das Suppengrün putzen, waschen und grob hacken. Zu dem Fleisch geben und alles zugedeckt noch 25 Minuten köcheln lassen.
Den Schweinebauch herausnehmen, auf einen Teller legen und beiseite stellen. Die Suppe durch ein Sieb streichen und mit Pfeffer und Essig säuerlich abschmecken.
Während die Suppe kocht, das entrindete, in kleine Würfel geschnittene Brot und die in Scheiben geschnittene Wurst in dem Schweineschmalz kräftig anrösten.
Das Bauchfleisch in mundgerechte Würfel schneiden, in eine vorgewärmte Terrine geben, wieder erhitzte Suppe darübergießen. Brotwürfel und Wurstscheiben daraufgeben. Sofort servieren.
Keine weitere Beilage dazu reichen.

Andalusische Kartoffelsuppe

4 Portionen à ca. 1820 kJ (435 kcal.)*

600 g festkochende Kartoffeln, 250 g Möhren, 2 Zwiebeln, 1 Knoblauchzehe, 1 Bund Petersilie, 60 g Butter oder Butterschmalz, ¾ l kräftige Fleischbrühe, ½ l Tomatensaft, Salz, schwarzer Pfeffer aus der Mühle, 4 Scheiben Weißbrot, 100 g mit Pimientos gefüllte grüne Oliven.

Die gewaschenen Kartoffeln schälen und würfeln, geschälte Möhren ebenfalls würfeln. Geschälte Zwiebeln und Knoblauchzehe hacken. Petersilie abspülen, trockenschwenken und hacken.
30 g Butter in einem Topf erhitzen. Die Hälfte der Petersilie, die Zwiebeln und die Knoblauchzehe darin glasig braten. Kartoffeln und Möhren dazugeben und mit Fleischbrühe und Tomatensaft aufgießen. Mit Salz und Pfeffer abschmecken. Bei nicht zu starker Hitze ca. 25 Minuten köcheln lassen.
Das Weißbrot entrinden und in Würfelchen schneiden. In der restlichen Butter goldbraun rösten. Nebenbei die Oliven in Scheiben schneiden und 5 Minuten vor Ende der Garzeit in die Suppe geben. Suppe in eine vorgewärmte Terrine füllen, mit Weißbrotwürfeln und der restlichen Petersilie bestreut servieren.
Dazu etwas kaltes Brathuhn oder spanische Knoblauchwürste reichen.

Kartoffelsuppe mit Pilzen

4 Portionen à ca. 1400 kJ (335 kcal)*

**250 g frische Champignons oder Pfifferlinge,
250 g dünne Lauchstangen,
40 g Butter,
750 g mehlig festkochende Kartoffeln,
1½ l Fleischbrühe,
2 Eigelb,
¼ l saure Sahne,
Salz, weißer Pfeffer aus der Mühle,
1 Eßl. Schnittlauchröllchen.**

Pilze putzen, Champignons in Scheiben, Pfifferlinge kleinschneiden. Den Lauch putzen und die hellen Teile der Lauchstangen in dünne Ringe schneiden.
Butter in einem großen Topf erhitzen, Champignons oder Pfifferlinge und Lauch darin anbraten, bis der Lauch weich zu werden beginnt.
Die gewaschenen Kartoffeln schälen und würfeln. In den Topf geben. Mit der Fleischbrühe auffüllen und alles im geschlossenen Topf bei nicht zu starker Hitze 25 Minuten köcheln lassen. Die Suppe vom Herd nehmen. Eigelb mit saurer Sahne verrühren und die Suppe damit legieren. Mit Salz und Pfeffer nachwürzen und mit Schnittlauchröllchen bestreut servieren.
Dazu Brühwürstchen und frisches Landbrot reichen.

Tip *Man kann auch Champignons oder Pfifferlinge aus der Dose verwenden, dann sollte man aber einen Teil der Fleischbrühe durch ihr Einlegwasser ersetzen.*

Prager Kartoffelsuppe

4 Portionen à ca. 1965 kJ (470 kcal)*

**25 g getrocknete Steinpilze,
½ l heißes Wasser,
100 g durchwachsener Speck,
1000 g mehlig festkochende Kartoffeln,
1 Bund Suppengrün,
1 Knoblauchzehe,
1 Zwiebel,
¾ l Fleischbrühe,
Salz, weißer Pfeffer, getrockneter Majoran,
⅛ l Sahne, 1 Eigelb.**

Getrocknete Steinpilze in heißem Wasser etwa 2 Stunden einweichen, dann abtropfen lassen, das Wasser durch ein mit einem Filterpapier ausgelegtes Haarsieb gießen.
Speck würfeln und in einem großen Topf langsam auslassen. Die Speckgrieben aus dem Topf nehmen.
Die gewaschenen Kartoffeln schälen und würfeln. Das geputzte Suppengrün, die geschälte Knoblauchzehe und die geschälte Zwiebel fein hakken. Alles zusammen mit den Kartoffeln und Pilzen in den Topf geben. Mit Fleischbrühe und Pilzwasser auffüllen. Mit Salz, Pfeffer und Majoran abschmecken, 25 Minuten köcheln lassen. Die Suppe etwas abkühlen lassen, dann im Mixer pürieren. Wieder erhitzen. Sahne und Eigelb verquirlen und die Suppe damit legieren. Mit den Speckgrieben bestreut servieren.
Dazu frisches Bauernbrot reichen.

Kartoffelsuppe mit Eierstich

4 Portionen à ca. 1400 kJ (335 kcal)*

2 Eier,
1/8 l Milch,
1 Teel. gehackte Petersilie,
Salz, weißer Pfeffer, geriebene Muskatnuß,
Butter zum Einfetten,
750 g mehlig festkochende Kartoffeln,
1 l kräftige Fleischbrühe,
1/8 l Sahne,
2 Eigelb,
1 Eßl. Zitronensaft,
1 Prise Zucker,
100 g frische Brunnenkresse oder glatte Petersilie.

Eier und die Milch verquirlen, mit Petersilie mischen, mit Salz, Pfeffer und Muskatnuß abschmecken. Ein kleines Förmchen gut ausbuttern, die Eimasse hineinfüllen und im leise siedenden Wasserbad in etwa 35 Minuten stocken lassen.
In der Zwischenzeit die gewaschenen Kartoffeln schälen, würfeln und in der heißen Fleischbrühe musig zerkochen. Den Topf vom Herd nehmen, Sahne und Eigelb verquirlen und in die Suppe rühren. Die Suppe mit Zitronensaft, Zucker und wenn nötig noch Salz und Pfeffer abschmecken. Warm halten, aber nicht mehr kochen lassen.
Den Eierstich vorsichtig aus der Form lösen und mit einem Buntmesser in Rauten, Streifen oder Würfel schneiden. Die Brunnenkresse oder die Petersilie waschen, abtropfen lassen und grob hacken. Eierstich und Kräuter zur Hälfte in eine vorgewärmte Terrine füllen, darüber die Suppe geben. Mit dem restlichen Eierstich, den übrigen Kräutern und etwas Muskat bestreuen.
Dazu Vollkornbrot mit Butter reichen.

Kartoffelcreme mit Pfifferlingen

4 Portionen à ca. 1945 kJ (465 kcal)*

750 g mehlige Kartoffeln,
1 Zwiebel,
1 Lorbeerblatt,
3/4 l Fleischbrühe,
4 Schalotten,
20 g Butter,
1/2 l Milch,
125 g kleine Pfifferlinge aus der Dose,
1/4 l Sahne,
Salz, schwarzer Pfeffer aus der Mühle,
einige Basilikumblätter.

Die gewaschenen Kartoffeln schälen und halbieren. Zusammen mit der geschälten, mit dem Lorbeerblatt gespickten Zwiebel in die Fleischbrühe geben und in 25 Minuten weichkochen.
Die Schalotten schälen und hacken. Die Butter in einem großen Topf erhitzen und die Schalotten darin glasig werden lassen. Die Milch dazugeben und aufkochen.
Die Zwiebel aus dem Kartoffeltopf entfernen. Die Kartoffeln durch die Presse in die Milch drücken, die Fleischbrühe sowie die Pfifferlinge mit ihrer Flüssigkeit und die Sahne unterrühren. Die Suppe unter Rühren erhitzen, aber nicht aufkochen lassen. Mit Salz und Pfeffer pikant abschmecken.
Mit grobgehackten Basilikumblättchen bestreut servieren.
Dazu frisches Fladenbrot reichen.

Tip *Mit frischen Pfifferlingen schmeckt's noch besser: 100 g werden in wenig Butter angebraten und in die fertige Suppe gegeben.*

Kartoffelsuppe mit Eierstich

Kartoffelcreme mit Pfifferlingen

Eintöpfe aus aller Welt

Von Anfang an war die Kartoffel ein Volksnahrungsmittel, oft das einzige, das den ärmeren Schichten der Bevölkerung tagtäglich zur Verfügung stand, das man stets mit allem kombinieren konnte, was sonst noch preiswert zu haben war. So sind mit der Zeit unzählige Eintopfgerichte entstanden. Mal mit Gemüse, mal mit Teigwaren, ja sogar mit Fisch und – sofern man es sich leisten konnte – mit Fleisch und Wurst.

Diese Eintöpfe sollten in erster Linie sättigen. Und auch heute noch stehen Eintöpfe vielfach dann auf dem Speiseplan, wenn es in der Haushaltskasse etwas knapp zugeht. Dennoch sollte man Kartoffeleintöpfe nicht als Billiggerichte abqualifizieren. Mit etwas Fantasie und erstklassigen Zutaten zubereitet, können daraus kulinarische Glanzpunkte werden.

Westfälisches Blindhuhn

4 Portionen à ca. 3660 kJ (875 kcal)

250 g weiße Bohnen, 1½ l Wasser, 250 g durchwachsener Speck, 300 g Möhren, 300 g grüne Bohnen, 500 g mehlig festkochende Kartoffeln, 2 säuerliche Äpfel, 2 Kochbirnen, 2 Würfel Fleischbrühe, Salz, weißer Pfeffer, 1 Bund Petersilie.

Weiße Bohnen über Nacht in dem Wasser einweichen. Am nächsten Tag mit dem Einweichwasser zum Kochen bringen und in 90 Minuten garen. Nach 30 Minuten den abgespülten Speck einlegen.
Die Möhren schälen und in Scheiben schneiden. Die gewaschenen Bohnen abfädeln und in 5 cm lange Stücke brechen. Die gewaschenen Kartoffeln schälen und grob würfeln. Äpfel und Birnen ebenfalls schälen, von Kerngehäusen, Blütenansätzen und Stengeln befreien und achteln.
25 Minuten vor Ende der Garzeit in den Topf geben. Mit Fleischbrühe, Salz und weißem Pfeffer abschmecken.
Den Speck aus dem Topf nehmen und in etwa 1½ cm dicke Scneiben schneiden. Petersilie abspülen, trockenschwenken und hacken. Den Speck in eine vorgewärmte Terrine füllen, das „Blindhuhn" darübergeben und mit Petersilie bestreut sofort servieren. Dazu ein kräftiges Bier reichen.

Berliner Filettopf

4 Portionen à ca. 2365 kJ (565 kcal)

500 g Schweinefilet, 2 bis 3 Zwiebeln, 50 g Butterschmalz, 500 g mehlig festkochende Kartoffeln, 500 g Teltower Rübchen, 250 g frische Champignons, ¼ l kräftige Fleischbrühe, ⅛ l Sahne, schwarzer Pfeffer aus der Mühle, 1 Lorbeerblatt, 4 Wacholderbeeren.

Schweinefilet wenn nötig häuten, dann in etwa 3 cm dicke Scheiben schneiden. Die geschälten Zwiebeln in Ringe schneiden. Beides in dem heißen Butterschmalz unter Rühren 3 Minuten anbraten und beiseite stellen.
Die gewaschenen Kartoffeln und die geputzten Rübchen schälen. Die Kartoffeln vierteln, die Rübchen halbieren. Die Champignons putzen, wenn nötig waschen, dann je nach Größe halbieren oder vierteln.
Alles zu dem Fleisch geben und mit kochender Fleischbrühe aufgießen. Sobald die Fleischbrühe wieder kocht, die Sahne angießen. Mit Pfeffer abschmecken. Lorbeerblatt und Wacholderbeeren dazugeben. Zugedeckt bei milder Hitze in 20 bis 25 Minuten garen. Die Kartoffelstücke sollen nicht zerfallen. Vor dem Servieren das Lorbeerblatt und wenn möglich auch die vier Wacholderbeeren entfernen.
Dazu frisches Stangenweißbrot und trockenen Weißwein reichen.

Schottischer Schmortopf
Rezept nächste Seite

Schottischer Schmortopf

4 Portionen à ca. 3745 kJ (895 kcal)

100 g durchwachsener Speck, 750 g Rinderschmorbraten, Salz, schwarzer Pfeffer aus der Mühle, gerebelter Thymian, 250 g Zwiebeln, 2 Eßl. Schweineschmalz, 2 Lorbeerblätter, ¼ l Rotwein, ⅛ l kräftige Fleischbrühe, 750 g Kartoffeln, 400 g Möhren.

(Foto Seite 30/31)

Speck fein würfeln und in einem Schmortopf auslassen. Grieben herausnehmen und beiseite stellen. Das Fleisch mit Salz und Pfeffer einreiben und in dem Fett rundherum braun anbraten. Das Fleisch anschließend mit Thymian bestreuen.
Die Zwiebeln schälen und hacken. Das Schweineschmalz in den Topf geben und die Zwiebeln anbraten, bis sie glasig sind. Die Lorbeerblätter in den Topf geben. Rotwein und Fleischbrühe mischen und einen Teil davon um das Fleisch gießen. Zugedeckt 90 Minuten schmoren lassen. Dabei nach und nach weitere Flüssigkeit angießen.
In der Zwischenzeit die gewaschenen Kartoffeln und die Möhren schälen, die Kartoffeln längs in Viertel und die Möhren in Scheiben schneiden. Beides um den Braten legen, mit der restlichen Flüssigkeit begießen und weitere 30 Minuten schmoren lassen.
Das Fleisch nun herausnehmen, in Scheiben schneiden und auf dem Gemüse anrichten.
Die Speckgrieben wieder erhitzen, darüberstreuen und das Gericht in der Form servieren.
Dazu schmeckt am besten der Rotwein, mit dem das Gericht zubereitet wurde.

Kartoffel-Wirsing-Eintopf

4 Portionen à ca. 2910 kJ (695 kcal)

750 g Wirsingkohl, 750 g festkochende Kartoffeln, 250 g Schinkenspeck, 250 g Zwiebeln, 1 Knoblauchzehe, 1 Teel. Kümmel, Salz, schwarzer Pfeffer aus der Mühle, ¼ l Fleischbrühe, 100 g Crème fraîche.

Wirsingkohl putzen und in dünne Streifen schneiden oder hobeln.
Die gewaschenen Kartoffeln schälen und in Scheiben schneiden. Den Schinkenspeck würfeln und in einem großen Topf bei nicht zu starker Hitze auslassen. Die Zwiebeln schälen, in Ringe schneiden und in dem Speckfett glasig braten. Speck und Zwiebeln bis auf eine dünne Lage aus dem Topf nehmen.
Kartoffeln, Kohl und die Speck-Zwiebel-Mischung lagenweise in den Topf schichten. Dabei die Kartoffeln und den Kohl mit durchgedrückter Knoblauchzehe, Kümmel, Salz und Pfeffer würzen. Die Fleischbrühe angießen und den Eintopf zugedeckt 25 Minuten garen.
In eine vorgewärmte Schüssel füllen und die Crème fraîche als dicken Klecks in die Mitte geben, erst bei Tisch unterrühren.
Dazu frische Baguetten reichen.

Altdeutscher Kartoffeltopf

4 Portionen à ca. 2510 kJ (600 kcal)

500 g Rindfleisch zum Schmoren, 40 g Butterschmalz, 1/4 l Fleischbrühe, 1/4 l trockener Weißwein, 500 g mehlig festkochende Kartoffeln, 2 Stangen Lauch, 4 Möhren, 1/2 Sellerieknolle, 1 Petersilienwurzel, 4 vollreife Tomaten, Salz, weißer Pfeffer, 1/2 Teel. getrocknetes Basilikum, je 1/2 Teel. gerebelter Thymian und Majoran, 1 kleine Dose Pfifferlinge (220 g), 1/8 l dicke saure Sahne, 1 Eßl. Schnittlauchröllchen.

Rindfleisch in mundgerechte Würfel schneiden und in dem heißen Butterschmalz kräftig anbraten. Mit je 1/8 l Fleischbrühe und Weißwein aufgießen und zugedeckt bei nicht zu starker Hitze 45 Minuten schmoren lassen.
In der Zwischenzeit die gewaschenen Kartoffeln schälen und würfeln. Die Lauchstangen putzen, waschen und in Ringe schneiden, auch die grünen Blatteile mitverwenden. Möhren, Sellerieknolle und Petersilienwurzel schälen oder schaben. Möhren in Scheiben, Sellerieknolle in Würfel schneiden, Petersilienwurzel fein hacken. Die Tomaten häuten, achteln und von den grünen Stengelansätzen befreien.
Alles zu dem Fleisch geben, mit der restlichen Flüssigkeit auffüllen, mit Salz, Pfeffer und den Kräutern abschmecken. Zugedeckt 25 Minuten kochen lassen.
5 Minuten vor Ende der Garzeit die Pfifferlinge mit ihrer Flüssigkeit in den Topf geben. Unmittelbar vor dem Servieren die saure Sahne einrühren. Den Eintopf mit den Schnittlauchröllchen bestreut auftragen.
Dazu schmeckt der Wein, mit dem das Gericht zubereitet wurde.

Bamberger Kartoffelschnitz

4 Portionen à ca. 1985 kJ (475 kcal)*

500 g Rindfleisch (Schulter oder Hüfte), 40 g Butterschmalz, 1/2 Sellerieknolle, 2 Stangen Lauch, 250 g Möhren, 1 kleiner Blumenkohl, 2 Bund Petersilie, 750 g Kartoffeln, Instant-Fleischbrühe, Salz, weißer Pfeffer.

Das Rindfleisch in mundgerechte Würfel schneiden. Butterschmalz in einem großen Topf erhitzen und die Fleischwürfel darin rundherum anbraten. Dann im eigenen Saft zugedeckt 20 Minuten schmoren lassen.
In der Zwischenzeit das Gemüse putzen und waschen. Sellerie in Würfel, Lauch in Ringe und Möhren in Scheiben schneiden. Den Blumenkohl in Röschen teilen. Petersilie abspülen, trockenschwenken und fein hacken. Die gewaschenen Kartoffeln schälen und würfeln. Alles zu dem Fleisch geben. Mit soviel Wasser auffüllen, daß alles eben bedeckt ist. Mit Instant-Fleischbrühe, Salz und Pfeffer würzen. Zugedeckt 45 Minuten köcheln lassen. In einer vorgewärmten Terrine servieren.
Dazu frisches Bauernbrot reichen.

Gaucho-Topf

6 Portionen à ca.
2950 kJ (705 kcal)

**1000 g mageres Rindfleisch zum Schmoren,
6 Eßl. Olivenöl,
500 g Gemüsezwiebeln,
1 Dose Tomaten (800 g),
1 Eßl. Paprika rosenscharf,
knapp ¼ l kräftige Fleischbrühe,
500 g festkochende Kartoffeln,
500 g Butterrüben oder junge Möhren,
1 grüne Paprikaschote,
Salz,
schwarzer Pfeffer aus der Mühle,
Oregano,
1 Prise Zucker,
1 Dose Mais (425 g),
1–2 Eßl. Weinessig.**

Das Rindfleisch, wenn nötig, häuten, dann in fingerdicke Stifte schneiden. 4 Eßl. Öl in einer Pfanne erhitzen und das Fleisch darin portionsweise kräftig anbraten.
In einen großen Schmortopf geben.
Die geschälten Zwiebeln in Streifen schneiden.
Das restliche Öl in die Pfanne gießen und die Zwiebeln darin glasig braten. Zu dem Fleisch geben. Die Tomaten abgießen und beiseite stellen. Paprika in dem Bratfett leicht Farbe nehmen lassen und mit dem Tomatensaft ablöschen. Ebenfalls zu dem Fleisch geben.
Mit Fleischbrühe auffüllen und zugedeckt 30 Minuten schmoren lassen.
In der Zwischenzeit die gewaschenen Kartoffeln und die Rüben oder Möhren schälen und in kleinfingerdicke Stifte schneiden, kleine Möhren ganz lassen. Die Paprikaschote putzen und in große Würfel schneiden. Alles in den Topf geben. Mit Salz, Pfeffer, Oregano und Zucker abschmecken und noch 25 Minuten köcheln lassen. Dann erst die abgegossenen Maiskörner und die Tomaten dazugeben. Nur noch erhitzen. Den Eintopf mit Essig abschmecken und servieren.
Dazu kräftiges Bauernbrot und einen leichten Rotwein reichen.

Rübentopf

4 Portionen à ca.
3010 kJ (720 kcal)

**750 g Butter- oder Steckrüben,
750 g festkochende Kartoffeln,
600 g Schweinenacken,
1 Bund Petersilie,
½ l kräftige Fleischbrühe,
schwarzer Pfeffer aus der Mühle,
1 Teel. Zucker.**

Rüben und die gewaschenen Kartoffeln schälen und in kleinfingerdicke Stifte schneiden.
Das Fleisch mundgerecht würfeln. Ohne Fett in einem großen Topf rundherum Farbe nehmen lassen. Dann Rüben, Kartoffeln und die Hälfte der gehackten Petersilie dazugeben. Mit Fleischbrühe auffüllen und im geschlossenen Topf in 30 Minuten garen. Mit Pfeffer abschmecken.
Den Zucker in einer beschichteten Pfanne unter Rühren bräunen, mit etwas Brühe verrühren und in den Eintopf geben. Das Gericht mit der restlichen gehackten Petersilie bestreut servieren.
Dazu helles Bauernbrot reichen.
Variationen: Statt des Schweinenackens kann man auch Kasseler oder geräucherte Schweineschulter in den Eintopf geben. In Norddeutschland wird gerne Rindfleisch verwendet. Jedoch sollte man dann den Eintopf mit gerösteten Speckgrieben und Zwiebelwürfelchen bestreuen.

Gaucho-Topf

Hutspot

(Holländischer Eintopf)

4 Portionen à ca. 2010 kJ (480 kcal)*

500 g Tafelspitz (Steertspitze), ¾ l Wasser, Salz, 500 g Kartoffeln, 500 g Möhren, 250 g Zwiebeln, ¼ Sellerieknolle, 1 Petersilienwurzel, 1 Eßl. Schweineschmalz, schwarzer Pfeffer, 1 Eßl. gehackte Petersilie.

Tafelspitz gründlich abspülen. Das Wasser salzen und sprudelnd aufkochen lassen. Das Fleisch hineingeben und zugedeckt bei nicht zu starker Hitze 1 Stunde mehr ziehen als kochen lassen.
Kartoffeln, Möhren, Zwiebeln, Sellerieknolle und Petersilienwurzel schälen. Kartoffeln und Zwiebeln vierteln. Möhren, Petersilienwurzel und Sellerie in Scheiben schneiden. Alles zu dem Fleisch in den Topf geben und noch eine weitere Stunde köcheln lassen.
Das Fleisch herausnehmen und in Scheiben schneiden, warm stellen. Das Gemüse im Mixer pürieren oder durch ein Sieb streichen. In eine Schüssel füllen und mit Petersilie bestreut servieren. Das Fleisch getrennt reichen.
Dazu ein kühles Bier servieren.

Eintopf „Rumford"

4 Portionen à ca. 3870 kJ (925 kcal)

250 g gelbe Erbsen, ¾ l Wasser, 500 g Schweinenacken, 500 g mehlige Kartoffeln, 1 Schinkenknochen, 50 g Graupen, Salz, schwarzer Pfeffer aus der Mühle, 2 Päckchen tiefgekühltes Suppengrün, 2 Scheiben Weißbrot, 1 Zwiebel, 40 g Butter, 1 Bund Petersilie.

Gelbe Erbsen über Nacht in dem Wasser einweichen. Am nächsten Tag mit dem Einweichwasser aufsetzen und 45 Minuten kochen, bis sie leicht musig sind.
Dann den Schweinenacken in mundgerechte Würfel schneiden und dazugeben. Weitere 30 Minuten kochen.
In der Zwischenzeit die gewaschenen Kartoffeln schälen und in Scheiben schneiden. Zusammen mit dem Schinkenknochen und den Graupen zu den Erbsen geben. Eventuell noch etwas Wasser angießen. Mit Salz und Pfeffer abschmecken.
Noch einmal 25 bis 30 Minuten kochen. 10 Minuten vor Ende der Garzeit dann das unaufgetaute Suppengrün dazugeben.
Das Weißbrot entrinden und fein würfeln. Die geschälte Zwiebel hacken. Beides in der heißen Butter goldbraun braten.
Die Petersilie abspülen, trockenschwenken, hakken. Den Schinkenknochen entfernen, die Suppe in eine vorgewärmte Terrine füllen und die Zwiebeln und die Brotwürfel darübergießen.
Mit Petersilie bestreut servieren.
Dazu ein Bier reichen.

Filet-Kartoffel-Topf

4 Portionen à ca. 2175 kJ (520 kcal)

250 g Zwiebeln, 500 g Rinderfilet, 500 g festkochende Kartoffeln, 2 grüne Paprikaschoten, 30 g Butterschmalz, 2 Eßl. Olivenöl, 1 Teel. Paprika rosenscharf, 1 Eßl. Paprika edelsüß, 1/4 l kräftige Fleischbrühe, 1 Teel. Kümmel, 250 g Tomaten, Schale einer viertel unbehandelten Zitrone, 1/8 l Crème fraîche oder dicke saure Sahne, eventuell etwas Salz.

Zwiebeln schälen und grob hacken. Das Filet, wenn nötig, häuten und in fingerdicke Streifen schneiden. Die gewaschenen, geschälten Kartoffeln und die geputzten Paprikaschoten würfeln. Butterschmalz und Olivenöl in einem großen Topf erhitzen. Die Zwiebeln darin goldgelb braten. Dann beiseite schieben und portionsweise das Fleisch in je etwa 2 Minuten anbraten. Kartoffel- und Paprikawürfel dazugeben und noch mal alles 5 Minuten anbraten.
Die beiden Paprikasorten gründlich untermischen. Mit Fleischbrühe ablöschen und aufkochen. Dann erst den Kümmel und die gehäuteten, in Achtel geschnittenen Tomaten und die möglichst in einem Stück abgeschälte Zitronenschale dazugeben. Alles zugedeckt bei nicht zu starker Hitze 20 bis 25 Minuten schmoren lassen.
Die Zitronenschale aus dem Topf nehmen. Den Eintopf mit der Crème fraîche mischen und wenn nötig mit Salz nachwürzen. In dem Topf servieren. Dazu Bandnudeln reichen.

Tip *Wer statt Rinderfilet Schweinefilet bevorzugt, sollte dieses Fleisch im ganzen anbraten, dann schneiden und erst in den Topf geben, wenn die Kartoffeln schon angebraten sind.*

Himmel und Erde

4 Portionen à ca. 3285 kJ (785 kcal)

750 g mehlige Kartoffeln, 1/8 l Wasser, 750 g mürbe, säuerliche Äpfel, 1 Eßl. Zucker, 125 g durchwachsener Speck, 2 Zwiebeln, 300 g Blutwurst mit Speck, etwas Salz.

Die gewaschenen Kartoffeln schälen und in Würfel schneiden. Mit dem Wasser aufsetzen und zugedeckt 20 Minuten kochen lassen.
In der Zwischenzeit die Äpfel schälen, achteln und entkernen. Zu den Kartoffeln geben, mit Zukker bestreuen und alles weitere 20 Minuten garen. Nebenher den Speck fein würfeln, auslassen, Grieben beiseite stellen. Die Zwiebeln schälen, fein hacken und im Speckfett goldgelb braten. Die Grieben wieder dazugeben.
In einer zweiten Pfanne die in dicke Scheiben geschnittene Blutwurst knusprig braten.
„Himmel und Erde" (Äpfel und Kartoffeln) dann mit dem Kartoffelstampfer zu feinem Mus zerdrücken, mit Salz abschmecken und in eine Schüssel geben. Mit Speck und Zwiebeln übergießen, die Blutwurstscheiben um den Rand legen.
Ohne weitere Beilagen, aber eventuell mit einem kühlen Bier oder einem kräftigen weißen Landwein servieren.

Echtes Irish Stew

4 Portionen à ca. 2175 kJ (520 kcal)

600 g mageres Hammel- oder Lammfleisch, 1000 g Kartoffeln, 600 g Zwiebeln, Salz, schwarzer Pfeffer aus der Mühle, ½ Teel. gerebelter Thymian, ca. ½ l Fleischbrühe, 1 Eßl. gehackte Petersilie.

Fleisch in mundgerechte Würfel, die gewaschenen, geschälten Kartoffeln in Scheiben und die ebenfalls geschälten Zwiebeln in Ringe schneiden.
Alles lagenweise in einen großen Topf schichten und jeweils mit etwas Salz, Pfeffer und Thymian bestreuen. So viel Fleischbrühe angießen, daß die oberste Schicht eben bedeckt ist. Den Topf gut schließen und das Gericht bei mittlerer Hitze in 1½ Stunden langsam garen lassen. Dabei hin und wieder die Flüssigkeit kontrollieren und wenn nötig etwas Wasser angießen. Das fertige Irish Stew in eine vorgewärmte Terrine füllen, mit Petersilie bestreuen und rasch servieren.
In Irland ißt man dazu einen eingelegten Rotkohlsalat. Es schmecken dazu aber auch frischer Rotkohlsalat oder eingelegte rote Bete.

Tip *In manchen Gegenden Irlands wird für das Stew statt dem Lammfleisch Zickleinfleisch aus der Keule oder dem Rücken verwendet. Wer Zickleinfleisch bekommen kann, sollte diese Zusammenstellung unbedingt ausprobieren.*

Buntes Irish Stew

4 Portionen à ca. 2155 kJ (515 kcal)

750 g mageres Hammelfleisch, 1 l Wasser, 250 g Zwiebeln, 250 g Möhren, 500 g Weißkohl, 500 g Kartoffeln, Salz, schwarzer Pfeffer aus der Mühle, 1 bis 2 Teel. Kümmel, 2 Lorbeerblätter, ½ Bund Schnittlauch.

Das Fleisch in etwa 4 cm große Würfel schneiden. Das Wasser sprudelnd aufkochen, das Fleisch hineingeben und 10 Minuten kochen lassen. Dann mit einer Schaumkelle herausnehmen.
Zwiebeln schälen und in Ringe schneiden. Die geschabten Möhren in Scheiben schneiden. Den Weißkohl von den äußeren Blättern befreien, dann vierteln und in lange Streifen schneiden oder hobeln. Die gewaschenen Kartoffeln schälen und klein würfeln. Alles mit dem Fleisch in einem großen Topf mischen und mit so viel Kochwasser auffüllen, daß es das Gericht eben bedeckt. Mit Salz, Pfeffer und Kümmel abschmecken. Die Lorbeerblätter auf das Gericht legen. Im gut verschlossenen Topf bei mittlerer Hitze 60 Minuten schmoren lassen. Das Stew in eine vorgewärmte Schüssel füllen und mit Schnittlauchröllchen bestreut sofort servieren.
Dazu schmeckt kräftiges, dunkles Bauernbrot und kühles Bier.

Echtes Irish Stew

Buntes Irish Stew

Paprikasch von Kartoffeln

4 Portionen à ca. 5040 kJ (1205 kcal)

1000 g mehlig festkochende Kartoffeln, 4 Zwiebeln, 2 Knoblauchzehen, 50 g Schweineschmalz, 1 Eßl. Mehl, 2 Eßl. Paprika edelsüß, 3/8 l Fleischbrühe, 1/4 Sahne, Salz, schwarzer Pfeffer aus der Mühle, geriebene Muskatnuß, 500 g Knoblauchwurst, 4 Eßl. Rotwein.

Gewaschene Kartoffeln als Pellkartoffeln kochen. In der Zwischenzeit Zwiebeln und die Knoblauchzehen schälen und fein hacken.
Das Schweineschmalz in einem Topf erhitzen, Zwiebeln und Knoblauch darin goldgelb braten.
Das Mehl und Paprika darüberstäuben, kurz anschwitzen lassen und mit der Fleischbrühe ablöschen. 10 Min. köcheln lassen. Dann erst die Sahne dazugeben und die Soße mit Salz, Pfeffer und Muskatnuß abschmecken.
Die Kartoffeln abgießen, abschrecken, pellen, in Scheiben schneiden.
Die Wurst ebenfalls in Scheiben schneiden.
Beides in dem Paprikasch erhitzen, mit Rotwein verfeinern und in einer vorgewärmten Terrine servieren.
Dazu Weißbrot und Rotwein reichen.

Tip *Ein Festessen wird aus diesem Paprikasch, wenn man die Knoblauchwurst durch 500 g angebratene Kalbfleischwürfel ersetzt. Dann aber nicht Rotwein sondern Weißwein verwenden.*

Französischer Haxentopf

6 Portionen à ca. 2845 kJ (680 kcal)

1 Schweinshaxe von ca. 1000 g, 400 g gepökelter Schweinebauch, 40 g Schweineschmalz, 1½ l Wasser, 250 g Möhren, 250 g Steckrüben, 250 g Lauch, 400 g Weißkohl, 500 g Kartoffeln, 1 Eßl. klare Fleischbrühe (Instant), schwarzer Pfeffer, 2 Eßl. gehackte Petersilie.

Schweinshaxe und den Schweinebauch in einem großen Topf in dem heißen Schweineschmalz braun anbraten.
Mit kochendem Wasser übergießen und zugedeckt bei mittlerer Hitze 1½ Stunden mehr ziehen als kochen lassen.
In der Zwischenzeit Möhren und Steckrüben schälen, die Möhren in Scheiben, die Steckrüben in Würfel oder Stifte schneiden. Lauch und Weißkohl putzen. Den Lauch in Ringe schneiden, den Weißkohl hobeln. Die gewaschenen Kartoffeln schälen und würfeln.
Alles 30 Minuten vor Ende der Garzeit zum Fleisch geben. Mit Fleischbrühe und Pfeffer kräftig abschmecken.
Das Fleisch aus dem Topf nehmen und in mundgerechte Stücke schneiden. Alles in einer vorgewärmten Terrine anrichten und mit der Petersilie bestreut servieren.
Dazu kräftiges Fladenbrot reichen.
Variation: Statt der Schweinshaxe eine Kalbshaxe verwenden. Diese braucht jedoch nicht angebraten zu werden.

Kartoffeleintopf mit Klößchen

4 Portionen à ca. 2135 kJ (510 kcal)

250 g grobes Bratwurstbrät,
2 Eßl. gehackter Kerbel,
1 Eigelb,
1 Eßl. Crème fraîche,
2 Eßl. Semmelbrösel,
Salz,
weißer Pfeffer,
geriebene Muskatnuß,
1 l kräftige Rinderbouillon,
750 g festkochende Kartoffeln,
2 Möhren,
½ Gewürzgurke,
50 g fetter Speck,
1 Zwiebel.

Bratwurstbrät mit Kerbel, Eigelb, Crème fraîche und Semmelbrösel zu einem glatten Teig verarbeiten. Mit Salz, Pfeffer und Muskatnuß abschmecken. Mit kalt abgespülten Händen daraus Klößchen von etwa 3 cm Durchmesser formen. Die Rinderbouillon erhitzen, bis sie eben zu köcheln beginnt. Die Klößchen einlegen und in 10 Minuten garziehen (nicht kochen) lassen. Dann mit einem Schaumlöffel herausheben und beiseite stellen.
Während der Garzeit die gewaschenen Kartoffeln schälen und in Würfel oder Scheiben schneiden. Die Möhren ebenfalls schälen und mit dem Buntmesser in Scheiben schneiden. Beides in der Brühe in 20 Minuten garen.
Die Gurke schälen und in Würfel schneiden. 5 Minuten vor Ende der Garzeit in den Eintopf geben.
Den Speck würfeln und auslassen. Die geschälte, gehackte Zwiebel darin glasig braten.
Die Klößchen in dem Eintopf noch mal erhitzen. Das Gericht in eine Terrine füllen und mit Speck und Zwiebeln begießen.
Dazu dunkles Bauernbrot und ein kühles, kräftiges Bier reichen.

Spanischer Kartoffeltopf

4 Portionen à ca. 2575 kJ (615 kcal)

1000 g kleine Kartoffeln,
2 Zwiebeln,
3 Eßl. bestes Olivenöl,
300 g spanische Knoblauchwurst (Chorizo), ersatzweise Debrecziner,
⅜ l kräftige Fleischbrühe,
schwarzer Pfeffer aus der Mühle,
evtl. Salz,
1 Bund Schnittlauch.

Die gewaschenen Kartoffeln schälen und vierteln. Die Zwiebeln schälen, hacken und in dem Öl glasig braten. Die Knoblauchwurst in Scheiben schneiden und kurz mitbraten. Dann die Kartoffelstücke dazugeben. Mit der Fleischbrühe auffüllen und alles zugedeckt in etwa 25 Minuten bei nicht zu starker Hitze garen. Den Eintopf mit Pfeffer und wenn nötig noch mit Salz abschmekken. In eine vorgewärmte Terrine füllen und mit Schnittlauchröllchen bestreut servieren.
Dazu frisches Stangenweißbrot reichen.

Tip *Dieser Eintopf, der aus den nordspanischen Provinzen stammt, schmeckt noch besser, wenn man einen Teil der Fleischbrühe durch einen trockenen Weißwein ersetzt.*

Labskaus nach Bremer Art

4 Portionen à ca. 1800 kJ (430 kcal)

750 g gepökeltes Rindfleisch (aus der Nuß), 2 Zwiebeln, 1 Lorbeerblatt, 8 Pfefferkörner, ½ l Wasser, 1000 g Kartoffeln, schwarzer Pfeffer aus der Mühle, geriebene Muskatnuß.

Rindfleisch (beim Fleischer vorbestellen) in große Würfel schneiden. Mit geschälten Zwiebeln, Lorbeerblatt und Pfefferkörnern in dem Wasser aufsetzen, aufkochen, etwa 60 Minuten köcheln lassen.
Gewaschene Kartoffeln als Pellkartoffeln kochen, abgießen, abschrecken, pellen, durch die Presse drücken.
Fleisch und Zwiebeln durch den Fleischwolf drehen. Lorbeerblatt und Pfefferkörner aus der Brühe nehmen. Kartoffeln und Fleisch mischen.
Mit Brühe zu einem geschmeidigen Brei verrühren. Unter Rühren wieder erwärmen und mit Pfeffer und Muskatnuß abschmecken. Auf einer Platte bergartig anrichten. Stilecht werden zum Labskaus Spiegeleier, Salz- oder Gewürzgurken, Rollmöpse oder Bismarckheringe und sauer eingelegte rote Bete serviert. Bier und Schnaps gehören dazu.
Variation: In manchen Gegenden werden rote Bete, Gurken und Fisch fein gehackt und unter das fertige Labskaus gemischt. Dann gibt es nur noch Spiegelei dazu.
Oder man mischt unter das fertige Labskaus 2 zuvor gewässerte, ganz fein gehackte Matjesfilets und gibt die obigen Beilagen dazu.

Kärntner Hammeltopf

4 Portionen à ca. 3680 kJ (880 kcal)

800 g Hammelschulter ohne Knochen, 1 Möhre, 1 Petersilienwurzel, ¼ Sellerieknolle, 1 Stange Lauch, 2 Knoblauchzehen, 50 g Butterschmalz, ⅜ l kräftig gewürzte Fleischbrühe, 1 guter Schuß Essig, 8 Pfefferkörner, ½ Teel. gerebelter Thymian, 1000 g Kartoffeln, Salz, schwarzer Pfeffer.

Das Fleisch von allem überflüssigen Fett befreien, für einige Minuten in kochendes Wasser legen, dann in mundgerechte Würfel schneiden.
Möhren, Petersilienwurzel, Sellerie und Lauch putzen und fein würfeln oder in streichholzgroße Stifte schneiden. Geschälte Knoblauchzehen fein hacken. Butterschmalz in einem großen Topf erhitzen, Gemüse und den Knoblauch darin leicht anrösten. Mit Fleischbrühe und Essig auffüllen. Pfefferkörner und Thymian dazugeben und das Fleisch in den Topf geben. Bei nicht zu starker Hitze in 35 Minuten halbweich kochen.
Die gewaschenen Kartoffeln schälen und in Schnitze teilen. Die eine Hälfte zu dem Fleisch geben und die andere als Salzkartoffeln kochen. Beides 25 Minuten garen. Die Salzkartoffeln abgießen, ausdämpfen lassen und unter das Fleisch mischen. Wenn nötig mit Salz und Pfeffer nachwürzen. Das Gericht im Topf servieren.
Dazu einen leichten roten Landwein reichen.

Labskaus
nach Bremer Art

Kartoffelsalat – Eßvergnügen für Groß und Klein

Kartoffelsalat und Würstchen – für viele Kinder stets der Höhepunkt jeder Geburtstagsfeier. Und die meisten Erwachsenen haben sich diese Kindheitsvorliebe erhalten, wenn auch nicht gerade in obengenannter Kombination.

Die Variationsmöglichkeiten, die sich aus der braunen Knolle bei Salat ergeben, lassen sicherlich keine Wünsche offen. Auch beim Salat kommt der Kartoffel wieder ihre große Anpassungsfähigkeit zugute. Selbst wenn sie der Hauptbestandteil eines Gerichtes ist, dominiert sie niemals im Geschmack. Sie ist eher neutral und läßt die anderen Zutaten zur vollen Wirkung kommen.

Kartoffel-Gurken-Salat

4 Portionen à ca. 1860 kJ (445 kcal)

750 g Salatkartoffeln,
1 Teel. Kümmel,
1 Teel. schwarze Pfefferkörner,
gut 1/8 l kräftige Fleischbrühe,
3 Gewürzgurken,
1 Möhre,
1 Bund Petersilie,
1 Bund Schnittlauch,
200 g durchwachsener Speck,
4 Eßl. Essig,
Salz,
schwarzer Pfeffer.

Die gewaschenen Kartoffeln als Pellkartoffeln kochen, Kümmel und Pfefferkörner ins Kochwasser geben. Die Kartoffeln abgießen, abschrecken, pellen und sofort in dünne Scheiben schneiden. Mit der fast kochenden Fleischbrühe begießen und gut 30 Minuten durchziehen lassen.
Gewürzgurken und geschälte Möhre in feine Streifen schneiden. Petersilie und Schnittlauch abspülen, trockenschwenken. Petersilie hacken, Schnittlauch in Röllchen schneiden. Alles zu den Kartoffeln geben.
Den Speck fein würfeln und bei nicht zu starker Hitze in einer Pfanne auslassen. Speckgrieben herausnehmen. Den Essig in das heiße Speckfett geben, einmal aufkochen lassen. Dann sofort über den Kartoffelsalat gießen und rasch untermischen. Den Salat mit Salz und Pfeffer abschmecken, 15 Minuten ziehen lassen, dann eventuell noch nachwürzen. Mit den Speckgrieben bestreut servieren.
Dazu Wiener oder Frankfurter Würstchen reichen.

Kartoffelsalat mit Mais

4 Portionen à ca. 1630 kJ (390 kcal)

750 g Salatkartoffeln,
2 Zwiebeln,
1/8 l Instant-Hühnerbrühe,
1 rotbackiger Apfel,
1/2 Salatgurke,
1 Gewürzgurke,
1 kleine Dose Mais (340 g),
1 Bund Dill,
1 Bund Petersilie,
1 Eigelb,
4 Eßl. Essig,
6 Eßl. Öl,
1 Prise Zucker,
Salz,
schwarzer Pfeffer aus der Mühle.

Kartoffeln waschen und als Pellkartoffeln kochen, abgießen, abschrecken und pellen. Noch heiß in Scheiben schneiden. Die Zwiebeln schälen und ganz fein hacken, mit den Kartoffelscheiben mischen. Die fast kochende Hühnerbrühe darübergießen. Abkühlen lassen.
In der Zwischenzeit den Apfel waschen, halbieren, entkernen. Dann fein würfeln. Die Salatgurke schälen und ebenso wie die Gewürzgurke in dünne Stifte schneiden oder auch fein würfeln. Den Mais abgießen. Dill und Petersilie abspülen, trockenschwenken und hacken. Alles unter die Kartoffeln mischen.
Das Eigelb mit dem Essig verrühren, dann erst das Öl dazugeben und die Soße mit Zucker, Salz und Pfeffer abschmecken. Über den Salat gießen, untermischen und den Salat 30 Minuten ziehen lassen. Dann, wenn nötig, nachwürzen.
Den Salat zu Schweinekoteletts, Frikadellen oder Hackbraten servieren.

Löwenzahn-Kartoffelsalat
Rezept nächste Seite

Löwenzahn-Kartoffelsalat

4 Portionen à ca. 1925 kJ (460 kcal)

1000 g mehlig festkochende Kartoffeln, 1/8 l Fleischbrühe, 2 Eigelb, 6 Eßl. Essig, 8 Eßl. feines Pflanzenöl, schwarzer Pfeffer aus der Mühle, 2 kleine Zwiebeln, 250 g junger, zarter Löwenzahn, Salz, 100 g Schinkenspeck, 1/2 Bund Schnittlauch.

(Foto Seite 46/47)

Die gewaschenen Kartoffeln als Pellkartoffeln kochen, abgießen, abschrecken, rasch pellen und noch warm in möglichst kleine Scheibchen schneiden. Mit der kochenden Fleischbrühe übergießen und etwa 10 Minuten durchziehen lassen.
In der Zwischenzeit die Eigelb mit Essig und Öl verrühren und mit Pfeffer würzen. Die Zwiebeln schälen und fein hacken, besser noch reiben.
Den Löwenzahn verlesen, gründlich waschen und trockenschleudern. Zwiebeln und Löwenzahn zu den Kartoffeln geben, die Salatsoße darübergießen, alles gründlich mischen und 30 Minuten durchziehen lassen.
Dann, wenn nötig, mit Salz nachwürzen.
Speck nicht zu fein würfeln und in einer Pfanne knusprig braun rösten. Heiß über den Salat geben. Den Salat mit Schnittlauchröllchen bestreut servieren.
Als Beilage zu kaltem Geflügel, zu gebratenem Fisch und zu Koteletts von Schwein und Lamm reichen.

Tip *Löwenzahn sollte man nur verwenden, wenn er noch keine Blütenknospe gebildet hat, sonst ist er zu bitter. Man kann ihn übrigens auch durch Brunnenkresse ersetzen, dann jedoch auf Pfeffer verzichten.*

Schlesischer Kartoffelsalat

4 Portionen à ca. 2240 kJ (535 kcal)

750 g Salatkartoffeln, 2 säuerliche Äpfel, 2 Zwiebeln, 4 gewässerte Matjesfilets, 2 Salzgurken, 100 g durchwachsener Speck, 2–3 Eßl. Essig, 1 Prise Zucker, frisch gemahlener schwarzer Pfeffer.

Kartoffeln waschen, als Pellkartoffeln kochen, abgießen, abschrecken und pellen. Etwas abkühlen lassen, dann in Scheiben schneiden.
Äpfel und Zwiebeln schälen. Die Äpfel achteln, entkernen und in dünne Scheiben schneiden.
Die Zwiebeln fein hacken.
Gewässerte Matjesfilets mit Haushaltspapier trokkentupfen, dann, wenn nötig, mit einer Pinzette entgräten und schräg in etwa 2 cm breite Streifen schneiden. Die Salzgurken in kleine Würfel schneiden. Alles miteinander vermischen.
Den Speck fein würfeln und in einer Pfanne bei nicht zu starker Hitze auslassen. Die Grieben herausnehmen. Essig und Zucker in das heiße Speckfett geben, dieses sofort über den Salat gießen und gut untermischen. Den Salat nach Belieben noch mit Pfeffer abschmecken und mit den Grieben bestreut servieren.
Zu diesem Salat deftige Brotsorten mit Butter oder Schmalz und ein kühles Bier reichen.

Spanischer Kartoffelsalat

4 Portionen à ca.
2740 kJ (655 kcal)

**750 g Salatkartoffeln,
250 g tiefgekühlte grüne Bohnen,
Salz,
1 Zwiebel,
2 Knoblauchzehen,
1 rote Paprikaschote,
1 Bund Petersilie,
125 g roher Schinken ohne Fettrand,
100 g mit Pimientos gefüllte grüne Oliven,
4 Sardellenfilets,
2 Eigelb,
1 Eßl. Zitronensaft,
4 Eßl. trockener Sherry (fino),
Salz,
schwarzer Pfeffer aus der Mühle,
1 Teel. Senf,
1/8 l bestes Olivenöl.**

Die gewaschenen Kartoffeln schälen und in wenig Wasser als Salzkartoffeln kochen.
In der Zwischenzeit reichlich Salzwasser zum Kochen bringen und die unaufgetauten Bohnen hineingeben. In knapp 10 Minuten garen, unter kaltem Wasser abschrekken, abtropfen lassen.
Die Kartoffeln abgießen, ausdämpfen (siehe Seite 73 „Salzkartoffeln“) und abkühlen lassen. Dann erst in Scheibchen schneiden.
Zwiebeln und Knoblauchzehen schälen und ganz fein hacken. Die geputzte Paprikaschote fein würfeln. Petersilie abspülen, trockenschwenken und hacken. Den Schinken in dünne Streifen, die Oliven in Scheiben und die zuvor gewässerten Sardellenfilets in Hälften schneiden. Alles sehr gut miteinander vermischen.
Die Eigelb mit Zitronensaft und Sherry verrühren, mit Salz, Pfeffer und Senf würzen. Langsam das Olivenöl einlaufen lassen, so daß eine sämige Soße entsteht. Über den Kartoffelsalat gießen, gut durchmischen und etwa 30 Minuten ziehen lassen. Dann, wenn nötig, mit ein bißchen Zitronensaft und Salz nachwürzen.
Zu dem Salat frisches Stangenweißbrot und einen kräftigen Landwein (rot oder weiß) reichen.

Schwäbischer Kartoffelsalat

4 Portionen à ca.
880 kJ (210 kcal)*

**750 g mehlig festkochende Kartoffeln,
knapp 1/4 l heiße Fleischbrühe,
4 Eßl. Essig,
Salz,
schwarzer Pfeffer,
1 Zwiebel,
40 g Butter.**

Gewaschene Kartoffeln als Pellkartoffeln kochen, abgießen, abschrecken und noch heiß pellen und in Scheiben schneiden. Fleischbrühe mit Essig mischen, mit Salz und Pfeffer kräftig würzen. Die noch heißen Kartoffeln lagenweise in eine Schüssel schichten. Jede Lage mit etwas Fleischbrühe begießen. Die Kartoffeln sollen die Flüssigkeit ganz aufsaugen.
Die geschälte Zwiebel in der Butter hellbraun braten und über den Salat gießen.
Den Salat als Beilage zu Kalbsrouladen, Hirschbraten, Hasenragout oder Käsespätzle reichen.
Variation: Zwischen jede Schicht Kartoffeln dünn gehobelte Scheiben Emmentaler Käse legen und den Salat als Hauptgericht servieren. Dazu eine große Schüssel mit grünem Salat reichen.

Räucherfisch-Salat

4 Portionen à ca.
2260 kJ (540 kcal)

600 g mehlig festkochende Kartoffeln, 400 g Möhren, 300 g tiefgekühlte Erbsen, 400 g Räucherfisch (am besten Schillerlocken), 6 Eßl. Crème fraîche, 2 Eßl. Zitronensaft, 1 Eßl. Aquavit, Salz, weißer Pfeffer, 1 Prise Zucker, reichlich frische Brunnenkresse (ersatzweise auch Basilikum).

Die gewaschenen Kartoffeln als Pellkartoffeln kochen, abgießen, abschrecken, pellen und in Scheiben schneiden.
Gleichzeitig die geschabten Möhren in wenig, mit Salz und Zucker gewürztem Wasser in 20 Minuten garen. Nach dem Abkühlen mit dem Buntmesser in Scheiben schneiden.
Die Erbsen laut Packungsaufschrift zubereiten, abgießen und abkühlen lassen.
Die Schillerlocken in etwa 3 cm lange Stücke schneiden und mit den übrigen Zutaten mischen.
Crème fraîche mit Zitronensaft und Aquavit zu einer Marinade verrühren, mit Salz, Pfeffer und Zukker abschmecken. Unter den Salat mischen und 30 Minuten ziehen lassen.
Inzwischen die Brunnenkresse verlesen, waschen, trockenschwenken, die Blättchen von den Stielen zupfen (mit Basilikum ebenso verfahren). Die Blätter erst unmittelbar vor dem Servieren mit dem Salat vermengen.
Zu diesem Salat Vollkornbrot mit Butter, ein kühles Bier und klaren Schnaps reichen.

Bauernsalat mit Rindfleisch

4 Portionen à ca.
2010 kJ (480 kcal)

500 g Salatkartoffeln, 450 g tiefgekühlte Bohnen, 1/8 l kräftige Fleischbrühe, 300 g gekochtes Rindfleisch, 250 g kleine, schnittfeste Tomaten, 5 Eßl. bestes Speiseöl, 1 Teel. scharfer Senf, 5 Eßl. Essig, 1/2 Teel. Zucker, Salz, schwarzer Pfeffer, 100 g Perlzwiebeln aus dem Glas.

Gewaschene Kartoffeln als Pellkartoffeln kochen. Die Bohnen laut Packungsaufschrift garen.
Die Kartoffeln abgießen, abschrecken, pellen und rasch in Scheiben schneiden. In eine Schüssel geben und sofort mit der kochenden Fleischbrühe übergießen.
Das Rindfleisch in Stifte, die Tomaten in Achtel schneiden, dabei die grünen Stengelansätze entfernen. Die Bohnen abgießen. Alles mit den Kartoffeln mischen.
Aus Öl, Senf und Essig eine Salatsoße rühren und mit Zucker, Salz und Pfeffer abschmecken.
Über den Salat gießen, durchmischen und 30 Minuten ziehen lassen.
Dann eventuell nachwürzen. Die Perlzwiebeln erst unmittelbar vor dem Servieren an den Salat geben.
Dazu kräftiges Bauernbrot mit Butter oder Schmalz reichen.

Tip *Die Mischung aus Kartoffeln und Rindfleisch läßt sich – statt der Bohnen – auch gut mit Perlerbsen, Blumenkohlröschen und/oder gedünsteten Möhrenscheiben kombinieren.*

Räucherfisch-Salat

Bauernsalat
mit Rindfleisch

Französischer Kartoffelsalat

4 Portionen à ca.
1235 kJ (295 kcal)*

500 g Salatkartoffeln, 1 Teel. Kümmel, 1 Teel. Pfefferkörner, 500 g Fleischtomaten, 500 g frische Champignons, 2 Eßl. Weinessig, ½ Teel. grobes Meersalz, 1–2 Frühlingszwiebeln, grob geschroteter rosa oder weißer Pfeffer, 150 g Crème fraîche (ohne Bindemittel), 4 Eßl. trockener Weißwein, 1 Prise Zucker, 1 Prise Salz.

Kartoffeln waschen und in mit Kümmel und Pfefferkörnern gewürztem Salzwasser zu Pellkartoffeln kochen.
In der Zwischenzeit die Tomaten waschen, achteln und von den Stengelansätzen befreien.
Die Kartoffeln abgießen, abschrecken, pellen und etwas abkühlen lassen. Dann in etwa 2 mm dicke Scheiben schneiden. Auf einer Servierplatte als Außenkranz anrichten, darauf die Tomatenachtel legen, so daß die Spitzen die Kartoffeln eben überlappen. Die geputzten Champignons in Scheiben schneiden und dachziegelartig in der Mitte anrichten. Alles rasch mit Essig beträufeln (damit sich die Champignons nicht verfärben). Die Kartoffeln mit Meersalz bestreuen.
Die Frühlingszwiebeln in dünne Ringe schneiden und über die Tomaten verteilen. Die Champignons mit dem Pfeffer bestreuen.
Crème fraîche mit Weißwein, Zucker und Salz schaumig rühren und in die Mitte der Platte geben. Servieren und erst bei Tisch mischen.
Dazu gebratene oder gegrillte Lammkoteletts, in Butter gebratene Edelfischfilets oder kaltes, in hauchdünne Scheiben geschnittenes Roastbeef, reichen.

Einfacher Kartoffelsalat

4 Portionen à ca.
795 kJ (190 kcal)*

1000 g festkochende Kartoffeln, 1 Teel. Kümmel, 1 Eßl. Salz, 1 Zwiebel, ⅛ l sehr kräftige Fleischbrühe aus Würfeln, 1 Teel. Zucker, 5 Eßl. Essig, Salz, weißer Pfeffer, 1 Bund Schnittlauch.

Gewaschene Kartoffeln in mit Kümmel und Salz gewürztem Wasser als Pellkartoffeln kochen, abgießen, abschrecken und rasch pellen. Sofort in dünne Scheiben schneiden.
Die geschälte Zwiebel fein hacken, mit Fleischbrühe, Zucker und Essig aufkochen und über die Kartoffeln gießen. Gründlich mischen und den Salat abkühlen lassen. Dann erst mit Salz und Pfeffer abschmecken. Mit Schnittlauchröllchen bestreut servieren.
Dazu Schweinshaxen oder Schweinebraten mit Kruste reichen.

Tip *Für Kartoffelsalat mit festen, ganzen Scheiben schneidet man diese etwas dicker und erst, wenn die Kartoffeln schon ein wenig abgekühlt sind. Den Salat auch nur kurze Zeit durchziehen lassen. Je dünner die Kartoffeln geschnitten werden und je länger sie durchziehen, um so weicher, fast musig werden sie.*

Kartoffelsalat mit Dillsahne

4 Portionen à ca. 1570 kJ (375 kcal)*

750 g Salatkartoffeln, 1/8 l Instant-Hühnerbrühe, 1 säuerlicher Apfel, 1 Zwiebel, 1/2 Salatgurke, 2 Bund Dill, 100 g Crème fraîche, 4 Eßl. Sahne, 4 Eßl. Mayonnaise, Salz, weißer Pfeffer, 1 Prise Zucker, Zitronensaft, 1/2 Kopfsalat.

Salatkartoffeln schon am Vortag waschen und als Pellkartoffeln kochen, abgießen, abschrecken und pellen. Zugedeckt kühlstellen.
Am nächsten Tag die Kartoffeln in Scheiben schneiden. Die Hühnerbrühe aufkochen und über die Kartoffelscheiben gießen. Den Apfel schälen, entkernen und in kleine Würfel schneiden. Die geschälte Zwiebel fein hacken. Die Salatgurke gründlich unter fließendem Wasser abbürsten, dann ebenfalls würfeln. Dill abspülen, trockenschwenken und fein schneiden. Alle Salatzutaten gut mischen.
Crème fraîche mit Sahne, Mayonnaise, Salz, Pfeffer, Zucker und einigen Tropfen Zitronensaft verrühren, kräftig abschmecken, über den Salat geben. Alles noch einmal gründlich mischen.
Den Kopfsalat zerpflücken, waschen, trockenschleudern und eine Schüssel damit auslegen. Den Salat hineinfüllen und servieren.
Zu diesem Kartoffelsalat gebratenen, gedünsteten oder gegrillten Fisch reichen.

Kartoffelsalat ‚à la cubaine'

4 Portionen à ca. 1925 kJ (460 kcal)

500 g Salatkartoffeln, 2 getrocknete Chilischoten, 1 Avocado, 1 Grapefruit, 2 Orangen, 1 Banane, 150 g grüne Weinbeeren, 50 g Walnußkernhälften, 6 Eßl. Walnußöl, 4 Eßl. Sherryessig, 1 Prise Zucker, Salz, Cayennepfeffer.

Die gewaschenen Kartoffeln als Pellkartoffeln kochen, dabei die Chilischoten in das Kochwasser geben. Die Kartoffeln abgießen, abschrecken, pellen und etwas abkühlen lassen. Dann erst in etwa 2 mm dicke Scheiben schneiden.
Die Avocado halbieren. Das Fruchtfleisch vorsichtig herauslösen, in kleine Würfel schneiden. Grapefruit, Orangen und Banane schälen. Grapefruit und Orangen in Segmente teilen, diese enthäuten und halbieren. Die Banane in Scheiben schneiden. Die Weinbeeren waschen, trockentupfen, halbieren und wenn nötig entkernen. Zusammen mit den Walnüssen in eine Schüssel geben, dazu Öl, Essig, Zucker, Salz und eine Prise Cayennepfeffer. Vorsichtig, aber gründlich mischen. 30 Minuten durchziehen lassen, dann, wenn nötig, nachwürzen. In einer Salatschüssel servieren.
Den Salat entweder als Vorspeise vor einem leichten Fisch- oder Fleischgericht reichen oder als Beilage zu gegrillten Scampi oder Langusten.

Kartoffel-Sellerie-Salat

4 Portionen à ca. 2010 kJ (480 kcal)

500 g Salatkartoffeln,
350 g Staudensellerie,
1 Kopfsalat,
1 Teel. scharfer Senf,
1 Teel. Essig,
2 Eigelb,
1/8 l Sojaöl,
Salz,
1 Schalotte,
3 Eßl. Sahne oder Crème fraîche,
1 Eßl. gehackte Petersilie,
4 Sardellenfilets.

Salatkartoffeln 20 Minuten als Pellkartoffeln kochen, abgießen, abschrecken und pellen. Abkühlen lassen.
Den Staudensellerie putzen, in 4 cm lange, 1 cm dicke Stangen schneiden, 3 Minuten in kochendem Salzwasser blanchieren. Unter eiskaltem Wasser abschrekken und abtropfen lassen. Kartoffeln in Scheiben schneiden und mit dem Sellerie mischen.
Salat putzen, waschen und gründlich trockenschleudern. Auf einer flachen Servierschüssel oder Portionstellern anrichten und den Kartoffelsalat bergartig darüber geben.
Senf und Essig mit den Eigelb verrühren. Dann in einem dünnen Strahl das Öl einlaufen lassen, so daß eine mayonnaiseartige Soße entsteht. Mit Salz abschmecken.
Die Schalotte schälen und fein hacken. Mit der Sahne oder Crème fraîche unter die Salatsoße mischen. Die Soße über den Salat gießen, aber nicht unterrühren. Mit gehackter Petersilie bestreuen und mit halbierten Sardellenfilets garnieren.
Zu dem Salat Koteletts, Frikadellen oder Kalbsbratwürste reichen.

Kartoffelsalat mit Mayonnaise

4 Portionen à ca. 1885 kJ (450 kcal)

750 g Salatkartoffeln,
200 g Kalbsbratenreste oder gekochtes Hühnerfleisch,
1 rote Paprikaschote,
2 schnittfeste Tomaten,
100 g feine Mayonnaise,
2 Eßl. Crème fraîche,
2 Eßl. Sahne oder Dosenmilch,
Salz,
Zitronensaft,
Cayennepfeffer.

Die gewaschenen Kartoffeln als Pellkartoffeln kochen, abgießen, abschrecken und pellen. Abkühlen lassen.
Das Fleisch in Würfel oder dünne Streifen schneiden. Die geputzte, gewaschene Paprikaschote in dünne Ringe, die gewaschenen Tomaten in Achtel schneiden. Tomaten dabei von den grünen Stengelansätzen befreien. Kartoffeln in Scheiben schneiden und alles in eine Schüssel geben.
Mayonnaise mit Crème fraîche, Sahne oder Dosenmilch verrühren. Mit Salz, Zitronensaft und Cayennepfeffer abschmecken. Über den Salat gießen und locker, aber gründlich untermischen. 15 Minuten ziehen lassen, dann, wenn nötig, mit Salz und Zitronensaft nachwürzen.
Dazu frisches Stangenweißbrot oder Toast und Butter reichen.

Kartoffel-
Sellerie-Salat

Von Knödeln und Klößen

Fünf Klöße und eine Gans, fünf Kilo im Gewicht, das ist dem Thüringer sein Leibgericht" lautet ein alter Spottvers über die Vorliebe der Thüringer für Klöße, die auch heute noch bei vielen von ihnen allsonntäglich auf dem Tisch stehen müssen, gleich welchen Braten es dazu gibt.

Aber nicht nur in Thüringen liebt man die Klöße oder Knödel, wie sie in den südlichen Gefilden unseres Sprachraums genannt werden. Wenn es um die runden Kartoffelgebilde geht, sind sich selbst Bayern, Sachsen und Schlesier einig. Allerdings, je weiter man nach Norden kommt, um so mehr ebbt die Leidenschaft ab. An den Küsten von Nord- und Ostsee schließlich fristen Klöße – von wenigen Ausnahmen abgesehen – ein Schattendasein. Aber das kann sich ja noch ändern!

Pfälzer Kartoffelklöße

4 Portionen à ca. 1965 kJ (470 kcal)

3 altbackene Brötchen,
½ l Milch,
1000 g mehlig festkochende Kartoffeln,
2 Eier,
½ Bund Petersilie,
½ Bund Kerbel,
1 Bund Schnittlauch,
Salz,
1½ l Salzwasser,
40 g Butter.

Brötchen in Scheiben schneiden und in eine große Schüssel legen. Die Milch aufkochen und darübergießen.
Die gewaschenen Kartoffeln schälen und fein reiben. Auf ein Küchentuch geben und etwas ausdrücken. Zusammen mit den Eiern und den abgespülten, trockengeschwenkten und gehackten Kräutern unter die Brötchen mischen. Alles zu einem glatten, festen Teig verarbeiten und mit Salz abschmecken.
Mit angefeuchteten Händen Klöße von etwa 5 cm Durchmesser formen.
Das Salzwasser aufkochen, die Klöße einlegen und in 30 Min. garziehen, nicht kochen lassen.
Mit einem Schaumlöffel herausnehmen, gründlich abtropfen lassen. In eine vorgewärmte Schüssel geben und mit der leicht gebräunten Butter übergießen.
Pfälzer Kartoffelklöße werden traditionsgemäß zu Gänse- und Entenbraten serviert. Sie schmekken aber auch zu Wild aller Art und zu Rinderbraten.

Fränkische Kartoffelknödel

4 Portionen à ca. 940 kJ (225 kcal)*

1000 g Kartoffeln,
gut ⅛ l Milch,
Salz,
40 g Semmelbrösel.

Die Kartoffeln waschen, 250 g als Pellkartoffeln kochen. Die übrigen schälen und in eine Schüssel mit Wasser reiben oder mit reichlich Wasser im Mixer pürieren. Die geriebenen Kartoffeln in ein sauberes Küchentuch geben und das Wasser über einer Schüssel ausdrücken. Das Wasser stehenlassen, bis sich die Stärke absetzt.
Die rohen Kartoffeln mit der heißen Milch mischen. Die Pellkartoffeln abgießen, abschrecken, pellen und sofort durch die Presse zu den rohen Kartoffeln geben. Das Wasser von der Kartoffelstärke abgießen und diese ebenfalls zu den Kartoffeln geben. Alles gut mischen und mit Salz abschmecken.
Die Masse zu 8 Knödeln formen, dabei jeweils in die Mitte Semmelbrösel geben. Reichlich Salzwasser zum Kochen bringen. Die Knödel einlegen und etwa 25 Minuten ziehen lassen. Sie sind gar, wenn sie oben schwimmen. Mit einem Schaumlöffel herausnehmen, gut abtropfen lassen, in einer vorgewärmten Schüssel servieren.
Als Beilage zu Wildgerichten, Geflügel, Schweinebraten, Schweinshaxe und Wildgeflügel reichen.

Bayerische
Kartoffelknödel
Schwäbische
Kartoffelknödel

Holsteiner
Kartoffelklöße
Kartoffelklöße
mit Speckfüllung
Rezepte Seite 60/61, 62
Kartoffelklöße
halb und halb

Bayerische Kartoffelknödel

4 Portionen à ca. 1905 kJ (455 kcal)

1000 g mehlig festkochende Kartoffeln, 100 g Semmelbrösel, 1 Ei, ⅛ l Milch, 1 Bund Petersilie, Salz, geriebene Muskatnuß, 100 g durchwachsener Speck, 2 l Salzwasser.

(Foto Seite 58/59)

Alle Kartoffeln waschen und 500 g als Pellkartoffeln kochen, die übrigen schälen. Eine Schüssel mit einem sauberen Küchentuch auslegen und mit Wasser füllen. Die rohen Kartoffeln hineinreiben, anschließend in dem Tuch über der Schüssel mit dem Wasser kräftig ausdrücken. Das Wasser so lange stehen lassen, bis sich die Kartoffelstärke abgesetzt hat, das Wasser dann vorsichtig abgießen. Geriebene Kartoffeln, die Semmelbrösel, das Ei und die heiße Milch dazugeben.
Die Pellkartoffeln abgießen, abschrecken, pellen und durch die Presse in die Schüssel drücken.
Die Petersilie abspülen, trockenschwenken, hakken und ebenfalls dazugeben. Alles zu einem feinen Teig kneten und mit Salz und Muskatnuß abschmecken.
Den Speck in große Würfel schneiden und in einer Pfanne knusprig braun braten.
Aus dem Teig mit angefeuchteten Händen Knödel von etwa 5 cm Durchmesser formen und jeweils 3 Speckwürfel in die Mitte geben. Das Salzwasser aufkochen, die Knödel einlegen und in 25 Minuten garziehen, nicht kochen lassen. Mit einem Schaumlöffel herausnehmen, gut abtropfen lassen und in einer vorgewärmten Schüssel servieren.
Die Knödel zu allen Wildbraten, Wildragouts und Schweinebraten reichen.

Kartoffelklöße halb und halb

6 Portionen à ca. 1130 kJ (270 kcal)*

1000 g mehlig festkochende Kartoffeln, 125 g Mehl, 2 kleine Eier, Salz, 1½ l Salzwasser.

(Foto Seite 58/59)

Gewaschene Kartoffeln schälen und die Hälfte davon als Salzkartoffeln kochen. Die übrigen Kartoffeln fein reiben, in einem sauberen Küchentuch etwas ausdrücken. In eine Schüssel geben, mit 100 g Mehl vermengen.
Die Salzkartoffeln abgießen, ausdämpfen lassen und durch die Kartoffelpresse drücken. Zu den rohen Kartoffeln geben, ebenso die Eier. Die Masse salzen und gründlich verrühren.
Mit bemehlten Händen Klöße von etwa 5 cm Durchmesser formen und in etwas Mehl wenden.
Das Salzwasser aufkochen. Die Klöße einlegen und 20 Minuten ziehen, nicht kochen lassen. Mit einem Schaumlöffel herausnehmen, abtropfen lassen und in einer vorgewärmten Schüssel servieren.
Die Klöße zu deftigem Schweinebraten, zu Kalbs- oder Schweinshaxen reichen.

Kartoffelklöße mit Speckfüllung

4 Portionen à ca. 2260 kJ (540 kcal)

1000 g mehlig festkochende Kartoffeln, 150 g durchwachsener Speck, 2 Zwiebeln, schwarzer Pfeffer aus der Mühle, 1 Bund Petersilie, 125 g Mehl, 1 kleines Ei, 1 Röhrchen Kapern, Salz, 2 l Salzwasser.

(Foto Seite 58/59)

Kartoffeln waschen und als Pellkartoffeln kochen.
In der Zwischenzeit den Speck würfeln und bei nicht zu starker Hitze auslassen. Die Zwiebeln schälen, hacken und in dem Speckfett glasig braten. Mit Pfeffer würzen. Petersilie abspülen, trokkenschwenken und hakken. Zu der Speck-Zwiebel-Mischung geben.
Die Kartoffeln abgießen, abschrecken, pellen und durch die Kartoffelpresse drücken. Mit 100 g Mehl, dem Ei und den Kapern vermischen. Mit Salz abschmecken.
Mit bemehlten Händen Klöße formen und mit je 1 Eßl. Speck-Zwiebel-Mischung füllen.
Das Salzwasser aufkochen, die Klöße einlegen und in 20 Min. garziehen, nicht kochen lassen. Mit einem Schaumlöffel herausnehmen, gut abtropfen lassen und in einer vorgewärmten Schüssel servieren.
Diese Klöße stammen aus Schweden und werden dort als Beilage zu festlichen Braten gereicht.

Schwäbische Kartoffelknödel

4 Portionen à ca. 3370 kJ (805 kcal)

1000 g mehlig festkochende Kartoffeln, 2 altbackene Brötchen, 3/8 l Milch, 100 g fetter Speck, 2 Zwiebeln, 1 Bund Petersilie, 150 g Mehl, 2 Eier, Salz, 3 Scheiben Toastbrot, 30 g Butter, Mehl zum Formen, 2 l Salzwasser.

(Foto Seite 58/59)

Die gewaschenen Kartoffeln als Pellkartoffeln kochen.
Die Brötchen in Scheiben schneiden, in eine große Schüssel geben und mit der kochenden Milch übergießen. Den Speck fein würfeln und in einer Pfanne auslassen. Die Zwiebeln schälen, hacken und in dem Speckfett glasig braten. Petersilie abspülen, trockenschwenken und hacken. Beides zu den Brötchen geben.
Die Kartoffeln abgießen, abschrecken und pellen, dann durch die Kartoffelpresse in die Schüssel drücken. Mehl und Eier dazugeben und alles zu einem festen Teig verarbeiten. Mit Salz würzen.
Das entrindete Toastbrot würfeln und in der Butter goldgelb rösten.
Mit bemehlten Händen aus dem Teig Klöße von 5 cm Durchmesser formen und in jeden 3 bis 4 Brotwürfel stecken. Das Salzwasser aufkochen, die Klöße einlegen und in 20 Minuten garziehen, nicht kochen lassen.
Mit einem Schaumlöffel herausnehmen, abtropfen lassen und in einer vorgewärmten Schüssel servieren.
Die Knödel werden zu Wildbraten und Wildragouts gereicht.

Serviettenkloß

4 Portionen à ca. 1590 kJ (380 kcal)

500 g mehlig festkochende Kartoffeln, 100 g Möhren, 100 g Sellerie, 1 Stange Lauch (Porree), 1 Bund Petersilie, 50 g Butter, 100 g Mehl, 1 großes Ei, 1 Eßl. Salz, ½ Teel. geriebene Muskatnuß.

Kartoffeln am Vortag zu Pellkartoffeln kochen. Möhren und Sellerie schälen, ganz fein hakken, Lauch putzen und in dünne Ringe schneiden. Petersilie abspülen, trokkenschwenken und hakken. 40 g Butter erhitzen. Das vorbereitete Gemüse darin so lange braten, bis der Lauch glasig ist. Abkühlen lassen.
Kartoffeln schälen und sehr fein reiben. Mit dem Gemüse, Mehl, Ei, Salz und Muskatnuß zu einem Teig verarbeiten und einen Kloß formen. Eine große Serviette auf einer Seite mit der restlichen Butter einfetten. Den Kloß hineinlegen und die vier Ecken der Serviette so zusammenknoten, daß ein Beutel entsteht.
Reichlich Salzwasser in einem großen Topf aufkochen. Den Serviettenkloß entweder in einem Siebeinsatz hineingeben oder einen Holzkochlöffel durch die verknoteten Enden ziehen und den Löffel über den Topfrand legen, so daß der Kloß im Wasser hängt. Das Wasser darf nun nur noch köcheln. Die Garzeit beträgt etwa 60 Minuten.
Den Kloß gut abtropfen lassen und in Scheiben schneiden. Wer mag, kann braune Butter, gebratene Zwiebelringe oder Speckgrieben darübergeben.
Den Serviettenkloß zu allen deftigen Braten servieren.

Holsteiner Kartoffelklöße

4 Portionen à ca. 2680 kJ (640 kcal)

1000 g mehlig festkochende Kartoffeln, 150 g durchwachsener Speck, 1 Zwiebel, 50 g Mehl, 50 g Speisestärke, 100 g Grieß, 3 Eier, Salz, geriebene Muskatnuß, Mehl zum Formen, 1½ l Salzwasser.

(Foto Seite 58/59)

Die gewaschenen Kartoffeln als Pellkartoffeln kochen. In der Zwischenzeit den Speck würfeln und bei nicht zu starker Hitze auslassen. Die geschälte Zwiebel hacken und in dem Speckfett glasig braten.
Kartoffeln abgießen, abschrecken, pellen, sofort durch die Kartoffelpresse drücken. Mit Speck-Zwiebel-Mischung, Mehl, Speisestärke, Grieß und Eiern zu einem festen Teig verarbeiten. Mit Salz und geriebener Muskatnuß abschmecken.
Mit bemehlten Händen Klöße von 5 cm Durchmesser formen. Das Salzwasser aufkochen, die Klöße einlegen und 15 bis 20 Minuten ziehen, aber nicht kochen lassen. Mit einem Schaumlöffel herausnehmen, gut abtropfen lassen und in einer vorgewärmten Schüssel servieren.
Die Klöße zu deftigen Braten, zu Gulasch, dunklen Ragouts oder nur mit der übriggebliebenen Bratensoße und Salat reichen.

Serviettenkloß

Kartoffel-Gnocchi

4 Portionen à ca.
2030 kJ (485 kcal)

1000 g mehlige Kartoffeln,
1 Teel. Salz,
70 g Butter,
200 g Mehl,
2 Eier,
Mehl zum Ausrollen,
1½ l Salzwasser,
1 Salbeiblatt,
25 g geriebener Parmesankäse.

Kartoffeln waschen, als Pellkartoffeln kochen, abgießen, abschrecken, pellen und durch die Presse in einen Topf drükken. Mit Salz und 20 g Butter mischen. Unter Rühren auf dem Herd noch etwas trocknen lassen. Dann in einer Schüssel mit Mehl und Eiern zu einem glatten Teig verarbeiten.
Mit bemehlten Händen aus dem Teig fingerdicke Rollen formen, in 2 cm lange Stücke schneiden und mit einer Gabel flachdrücken.
Das Salzwasser aufkochen, die Gnocchi hineingleiten lassen und in dem schwach siedenden Wasser in etwa 8 Min. garen.
In der Zwischenzeit die restliche Butter mit dem Salbeiblatt erhitzen und ganz leicht bräunen. Das Salbeiblatt dann entfernen.
Die Gnocchi mit einem Schaumlöffel aus dem Wasser nehmen, gründlich abtropfen lassen, in eine vorgewärmte Schüssel geben und mit der Butter übergießen. Mit Parmesan bestreut servieren.
Die Gnocchi zu allen zarten Braten wie Kalb, Kaninchen oder Schweinefilet reichen.

Variationen:

Spinat-Gnocchi: Den fertigen Gnocchi-Teig mit 125 g blanchiertem, gehacktem Spinat (oder aufgetautem Tiefkühlspinat) mischen. Die gegarten Gnocchi mit frisch geriebenem Parmesankäse bestreuen, mit etwas Butter begießen und 10 Min. im vorgeheizten Backofen (220°, Gas Stufe 4) überbacken.
Spinat-Gnocchi schmekken vor allem zu kurzgebratenem Fleisch und gegrilltem Fisch.

Sahne-Gnocchi: Die gegarten Gnocchi mit 50 g möglichst frisch geriebenem Parmesankäse mischen. In eine eingefettete feuerfeste Form geben und mit gut ⅛ l süßer Sahne übergießen. Im vorgeheizten Backofen (200°, Gas Stufe 3) 20 Minuten überbacken.
Diese Gnocchi nur zu hellen Fleischsorten reichen.

Milch-Gnocchi: Die geformten Gnocchi statt in Salzwasser in Milch garen. Sie werden dann besonders zart und schmecken gut zu Geflügel, Kalbsfilet oder pochiertem Edelfisch.

Grüne Klöße

8 Portionen à ca.
786 kJ (188 kcal)*

1500 g mehlig festkochende Kartoffeln,
½ l Milch,
50 g Grieß,
1 Eßl. Salz,
Salzwasser.

Gewaschene Kartoffeln schälen und in eine Schüssel mit kaltem Wasser reiben, damit sie sich nicht verfärben. Dann in ein Tuch geben und stark ausdrücken, bis die Kartoffelmasse ganz trocken ist. Diese in eine Schüssel geben. Das Wasser stehenlassen, damit sich die Speisestärke absetzen kann.
Die Milch zum Kochen bringen, den Grieß einrieseln lassen. 5 Minuten quellen lassen, dann die Mischung zu den Kartoffeln geben, ebenso das Salz. Kartoffelwasser abgießen, Stärke ebenfalls zu den Kartoffeln geben. Alles zu einem Teig verkneten. Mit kalt abgespülten Händen Klöße von etwa 6 cm Durchmesser formen.
Reichlich Salzwasser in einem großen Topf aufkochen. Sofort die Hitze reduzieren. Die Klöße einlegen und das Wasser eben unter dem Siedepunkt halten. Wenn alle Klöße an die Oberfläche gestiegen sind, noch mal die gleiche Siedezeit rechnen. Fertige Klöße mit einem Schaumlöffel aus dem Wasser heben, abtropfen lassen, in einer vorgewärmten Schüssel servieren.
Grüne Klöße zu Sauerbraten und grünen Bohnen, zu Gans und Ente reichen.

Halbseidene

6 Portionen à ca.
1255 kJ (300 kcal)*

1000 g mehlige Kartoffeln,
250 g Kartoffelmehl,
½ l heiße Milch,
Salz,
geriebene Muskatnuß,
2 Eßl. gehackte Petersilie,
3 Scheiben Toastbrot,
30 g Butter.

Die Kartoffeln als Pellkartoffeln kochen, abgießen und ausdämpfen lassen. Dann sofort schälen und heiß durch die Kartoffelpresse drükken. Mit dem Kartoffelmehl mischen, am besten locker mit einer Gabel. Dann die heiße Milch einlaufen lassen und alles rasch und kräftig mit einem Holzlöffel durchrühren. Den Teig mit Salz und Muskatnuß würzen, mit Petersilie mischen. Während die Kartoffeln kochen, das Toastbrot in kleine Würfel schneiden und in heißer Butter goldbraun rösten. Mit angefeuchteten Händen aus dem Teig etwa tennisballgroße Klöße formen, dabei jeweils einige Brotwürfel in die Mitte setzen. Reichlich leicht gesalzenes Wasser aufkochen, die Klöße einlegen und etwa 25 Minuten ziehen, aber nicht kochen lassen. Sie sind gar, wenn sie nach oben steigen. Mit einem Schaumlöffel herausnehmen, gut abtropfen lassen und in einer vorgewärmten Schüssel servieren.
Als Beilage zu Geflügel, Wildgeflügel oder Kalbsbraten reichen.

Marillenknödel

4 Portionen à ca. 1790 kJ (420 kcal)

600 g mehlig festkochende Kartoffeln,
150 g Mehl,
50 g Grieß,
¼ Teel. Salz,
abgeriebene Schale einer unbehandelten Zitrone,
150 g Butter,
3 Eigelb,
12 kleine, reife Aprikosen (Marillen),
12 Stück Würfelzucker,
2 cl Marillenschnaps,
50 g Semmelbrösel,
Zucker und Zimt zum Bestreuen.

Die gewaschenen Kartoffeln schälen und als Salzkartoffeln kochen. Abgießen und rasch durch die Kartoffelpresse drücken. Abkühlen lassen. Danach mit Mehl, Grieß, Salz, Zitronenschale, 50 g weicher Butter und den Eigelb zu einem glatten, festen Teig kneten.

Die Aprikosen waschen und vorsichtig entsteinen. Die Zuckerstückchen in den Schnaps tauchen und die Aprikosen damit füllen.

Mit kalt abgespülten Händen aus dem Teig 12 Knödel formen, in jeden eine Aprikose drücken und den Teig darüber glattstreichen. Reichlich Salzwasser bis zum Siedepunkt erhitzen. Die Knödel einlegen und etwa 15 Minuten ziehen lassen. Mit einem Schaumlöffel herausheben, gut abtropfen lassen und in eine vorgewärmte Schüssel geben.

Die restliche Butter erhitzen und die Semmelbrösel darin goldbraun werden lassen. Über die Knödel gießen. Mit einer Mischung aus Zucker und Zimt bestreuen und rasch servieren.

Marillenknödel sind üppiges Dessert nach einem leichten Hauptgericht.

Bubenspitzle

4 Portionen à ca. 1505 kJ (360 kcal)

750 g mehlig festkochende Kartoffeln,
2 Eigelb,
100 g Mehl,
Salz,
geriebene Muskatnuß,
60 g Butter.

Gewaschene Kartoffeln als Pellkartoffeln kochen, abgießen, kalt abschrecken, pellen und zugedeckt über Nacht stehenlassen.

Am nächsten Tag durch eine Spätzlepresse drükken oder mittelfein raffeln. Mit Eigelb und Mehl zu einem festen Teig verarbeiten und auf der dünn bemehlten Arbeitsfläche zu fingerdicken Rollen formen. Die Rollen in etwa daumenlange Stükke schneiden.

Reichlich Salzwasser zum Kochen bringen und die „Bubenspitzle" darin 20 Min. ziehen, aber nicht kochen lassen. Sind alle nach oben gestiegen, sind sie gar. Dann mit einem Schaumlöffel aus dem Wasser heben, gut abtropfen lassen und in der heißen Butter rasch rundherum hellbraun braten. Heiß servieren.

Als Beilage zu Lamm- oder Kalbsbraten, zu Lammkoteletts, kurzgebratenem Rindfleisch oder mit Kompott (siehe Foto) reichen.

Variation: Ebenso werden **Schupfnudeln** zubereitet. Nur werden diese nicht in Butter gebräunt, sondern mit einer Mischung aus in Butter gebratenen Zwiebelwürfeln und Semmelbrösel begossen.

Marillenknödel

Bubenspitzle

Die Kartoffel als Beilage – keine kulinarische Nebensache

Für die meisten Deutschen ist die Kartoffel die Beilage schlechthin. Weder Nudeln noch Reis, oder wie bei unseren französischen Nachbarn das Weißbrot, haben nur annähernd den gleichen Stellenwert. Allerdings: Bei den täglichen Mahlzeiten ist es meist nur die gekochte oder die pürierte Kartoffel, die auf den Tisch kommt. Lediglich bei festlichen Essen wird der Kartoffel als Beilage eine bessere Behandlung zuteil. Das ist eigentlich schade. Denn es bedarf kaum mehr Arbeit und Mühe, um aus Kartoffeln eine leckere Beilage zu machen, die es mit jedem noch so raffiniert zubereiteten Gemüse aufnehmen kann.
Und wer ein wenig mehr Aufwand in Kauf nehmen möchte, kann seine Lieben mit all den Kartoffelköstlichkeiten verwöhnen, die in der Friteuse entstehen.

Karamelkartoffeln

4 Portionen à ca. 960 kJ (230 kcal)*

750 g kleine, runde Kartoffeln, Salz, 40 g Butter oder Butterschmalz, 25 g feiner Zucker.

Kartoffeln in sehr kräftig gesalzenem Wasser in 25 Minuten als Pellkartoffeln kochen, abgießen, abschrecken und pellen. Dann abkühlen lassen. Noch besser ist es, wenn die Kartoffeln schon am Vortag gekocht werden.
Butter oder Butterschmalz in einer großen Pfanne erhitzen, Kartoffeln hineingeben und bei nicht zu starker Hitze rundherum braun anbraten. Dann nach und nach den Zukker darüberstreuen und jedesmal unterrühren.
Die Kartoffeln so lange weiterbraten, bis der Zukker ganz karamelisiert ist und die Kartoffeln davon überzogen sind.

Diese Kartoffeln liebt man in Norddeutschland als Beilage zu Grünkohl, in Dänemark und Schweden zu kräftigem Schweinebraten oder auch zu Kohlgerichten.

Tip *Neue, sehr dünnschalige Kartoffeln brauchen nicht gepellt zu werden, wenn man sie vor dem Kochen sehr gründlich abbürstet.*

Kartoffelwürstchen

4 Portionen à ca. 1465 kJ (350 kcal)

750 g mehlig festkochende Kartoffeln, 1 Zwiebel, 1 Knoblauchzehe, 125 g durchwachsener Speck, 1 Bund Petersilie, 1 Ei, Salz, weißer Pfeffer, Mehl zum Ausrollen.

Die gewaschenen Kartoffeln als Pellkartoffeln kochen, abgießen, abschrecken und pellen. Zugedeckt über Nacht stehen lassen.
Am nächsten Tag die Kartoffeln fein reiben. Die Zwiebel und die Knoblauchzehe schälen und fein hacken bzw. durch die Presse drücken. Zu den Kartoffeln geben. Den Speck ganz fein würfeln und bei milder Hitze langsam auslassen. Die Speckgrieben herausnehmen und auch zu den Kartoffeln geben. Die Petersilie abspülen, trokkenschwenken, hacken und ebenfalls dazugeben.
Die Kartoffelmasse mit dem Ei zu einem festen Teig kneten, mit Salz und Pfeffer abschmecken.
Mit bemehlten Händen aus dem Teig daumengroße „Würstchen" formen und in dem heißen Speckfett rundherum knusprig braun braten.
In einer vorgewärmten Schüssel servieren.
Die Kartoffelwürstchen schmecken besonders gut zu gebratenem oder gegrilltem Fisch, zu Räucherfisch, gekochter Ochsenbrust, Rinderschmorbraten oder Wildbraten.

Herzogin-Kartoffeln

Kartoffelkroketten mit Mandelblättchen
Kartoffelkroketten mit Sesamsamen
Kartoffelkroketten mit Haselnüssen
Rezepte nächste Seit

Kartoffelkroketten

4 Portionen à ca. 1800 kJ (430 kcal)

750 g mehlig festkochende Kartoffeln, Salz, 50 g Butter, etwa ¼ l heiße Milch, geriebene Muskatnuß, 2 Eigelb, 2 Eßl. Grieß, 750 g Kokosfett zum Ausbacken, Sesamsamen, gehackte Haselnüsse oder Blättchen von ungeschälten Mandeln.

(Foto Seite 70/71)

Kartoffeln waschen, schälen und als Salzkartoffeln kochen. Dann mit Butter, Milch, Muskatnuß, Salz und Eigelb als Püree zubereiten (siehe Seite 74), zum Schluß den Grieß unterrühren. Aus der Masse knapp daumengroße Kroketten oder kleine Kugeln formen.
Das Fritierfett auf 180° erhitzen (siehe Pommes frites, Seite 85). Die Kroketten nach Belieben in Sesamsamen, gehackten Haselnüssen oder Mandelblättchen wenden und portionsweise in dem Fett schwimmend in 6 bis 7 Minuten goldbraun ausbacken. Es ist wichtig, daß das Fett heiß genug ist, damit die Kroketten sich nicht zu stark mit Fett vollsaugen. Kroketten gründlich abtropfen lassen und sofort servieren.
Kroketten passen zu allen feinen Braten wie Kalbsnierenbraten, Reh- oder Hasenrücken, zu Rinder- und Schweinefilet.
Variation: Statt die Kroketten in gehackten Haselnüssen oder Mandeln zu wenden, kann man den Teig damit mischen. Dann die Kroketten vor dem Ausbacken kurz durch Semmelbrösel rollen.

Herzogin-Kartoffeln

4 Portionen à ca. 2090 kJ (500 kcal)

750 g mehlig festkochende Kartoffeln, 150 g Butter, 4 Eigelb, Salz, geriebene Muskatnuß, Butter oder Margarine zum Einfetten.

(Foto Seite 70/71)

Die gewaschenen Kartoffeln schälen und als Salzkartoffeln kochen. Abgießen und ausdämpfen lassen. Sofort durch die Presse drücken und flöckchenweise die Butter unterschlagen. Dann 3 Eigelb unterziehen, die Masse mit Salz und geriebener Muskatnuß abschmecken und ganz schaumig rühren.
Ein Backblech mit Butter oder Margarine einfetten. Die Kartoffelmasse in einen Spritzbeutel mit Sterntülle füllen und als Rosetten von etwa 4 cm Durchmesser auf das Backblech spritzen. Jede Rosette mit etwas Eigelb bestreichen. Das Blech in den vorgeheizten Backofen (220°, Gas Stufe 4) schieben und die Herzogin-Kartoffeln 10 Minuten backen, bis die Oberfläche goldgelb ist. Kartoffeln vom Blech lösen und sofort servieren.
Herzogin-Kartoffeln werden als dekorative Beilage zu festlichen Braten gereicht. Sie passen besonders gut auch zu Wildgerichten und kurzgebratenen Filets.

Salzkartoffeln

4 Portionen à ca. 565 kJ (135 kcal)*

750 g mehlig festkochende Kartoffeln, Salz, 1 Schuß Milch, 1 Prise Zucker.

Gewaschene Kartoffeln schälen und je nach Größe im Ganzen lassen, halbieren oder vierteln.
In einen Topf mit einem gut schließenden Deckel geben und mit Salz bestreuen. Soviel Wasser angießen, daß es zweifingerhoch im Topf steht. Mehr Wasser ist nicht notwendig, denn zuviel Wasser schwemmt Vitamine und Mineralstoffe aus.
Milch dazugeben. Durch sie behalten die Kartoffeln ihre helle Farbe, und der Geschmack wird verbessert. (Man kann für die Farbe auch einige Tropfen Zitronensaft oder Essig in das Kochwasser geben.)
Den Zucker dazugeben. Er sorgt dafür, daß das Vitamin C besser erhalten bleibt.
Den Topf schließen und das Wasser zum Kochen bringen. Ganze Kartoffeln sind je nach Größe in 25 bis 30 Minuten gar, halbierte oder geviertelte in etwa 20 Minuten, kleingewürfelte Kartoffeln in 15 Minuten.
Die Kartoffeln abgießen und anschließend ausdämpfen lassen. Dazu kann man den Topf wieder auf die abgeschaltete, aber noch warme Herdplatte oder bei Gas auf allerkleinste Flamme stellen. Den Topf häufig rütteln, damit die Kartoffeln nicht ansetzen und der Dampf nach oben steigt.
Man kann auch ein gefaltetes Küchentuch zwischen Topf und Deckel legen, das den aufsteigenden Dampf aufsaugt. Bei dieser Methode den Topf ebenfalls häufig rütteln.
Salzkartoffeln sofort verzehren. Warmhalten vertragen sie nicht, ebenso wenig wie Aufwärmen. Übriggebliebene Kartoffeln als Bratkartoffeln weiter verwenden.

Schottischer Kartoffelbrei

4 Portionen à ca. 1025 kJ (245 kcal)*

500 g junger Weißkohl, 500 g mehlig festkochende Kartoffeln, $^{3}/_{4}$ l Salzwasser, $^{1}/_{8}$ l Sahne, 20 g Butter, Salz, weißer Pfeffer, gemahlener Kümmel.

Weißkohl putzen, dann in dünne Streifen schneiden. Die gewaschenen Kartoffeln schälen. Das Wasser aufkochen, Kohl und Kartoffeln hineingeben und in etwa 25 Min. garen. Abgießen, in ein Sieb geben und gründlich abtropfen lassen. Etwas abkühlen lassen, dann im Mixer pürieren.
Die Sahne mit der Butter bis fast zum Kochen erhitzen. Die Kartoffel-Kohl-Masse hineingeben und alles gründlich mischen. Mit Salz, Pfeffer und einem Hauch gemahlenem Kümmel abschmecken. Sehr heiß servieren.
Als Beilage zu Lammbraten, Schweinebraten oder gegrillter Schweinshaxe reichen.

Kartoffelpüree

4 Portionen à ca. 1275 kJ (305 kcal)

1000 g mehlige oder mehlig festkochende Kartoffeln, Salz, 40 g Butter, 1/4 l heiße Milch, 1 Eigelb, geriebene Muskatnuß, 1 Teel. Zucker.

Die gewaschenen Kartoffeln schälen und als Salzkartoffeln kochen. Abgießen, ausdämpfen lassen und durch die Kartoffelpresse in eine Schüssel drücken. Flockenweise die Butter und in einem dünnen Strahl die Milch mit dem Schneebesen unterrühren. Dann erst das Eigelb dazugeben. Püree mit Salz, Muskatnuß und Zukker abschmecken und so lange weiterschlagen, bis es fast weiß und schaumig ist. Dann sofort servieren.

Kartoffelpüree paßt zu allen Braten, Kalbs- und Schweineschnitzel, gebratener Leber, Nieren- und Wildragout, Bratwurst und Hackbraten.
Ebenso wie Salzkartoffeln verträgt Kartoffelpüree das Warmhalten nicht. Es läßt sich ebenfalls nicht aufwärmen, außer man brät es wie einen Kartoffelpfannkuchen.

Basilikum-Kartoffel-Gratin

4 Portionen à ca. 1045 kJ (250 kcal)*

1 große Knoblauchzehe, 1/8 l Sahne, 600 g Kartoffeln, Salz, schwarzer Pfeffer aus der Mühle, geriebene Muskatnuß, 1 Bund Basilikum, 2 dünne Stangen Lauch, 2 Eier.

Knoblauchzehe schälen und eine feuerfeste Form damit ausreiben. Die Form mit 4 Eßlöffel Sahne ausstreichen.
Die gewaschenen Kartoffeln schälen und in dünne Scheiben schneiden. Eine Lage in die Form geben, mit wenig Salz, Pfeffer und Muskatnuß würzen. Basilikum abspülen, trockenschwenken und in feine Streifen schneiden. Den Lauch putzen und die hellen Teile in hauchdünne Ringe schneiden. Etwas Basilikum und Lauch auf die Kartoffeln streuen. Wieder eine Lage Kartoffeln darüber geben und mit Gewürzen und Kräutern bestreuen. So fortfahren, bis alles verbraucht ist.
Die restliche Sahne mit den Eiern verquirlen und leicht salzen. Über die Kartoffeln gießen und im vorgeheizten Backofen (200°, Gas Stufe 3) in 25 Minuten garen. In der Form servieren.
Zu kurzgebratenem Fleisch aller Art, zu Kalbsbraten, gebratener Leber oder auch zu pochiertem Fisch reichen.
Variation: Sind frische Kräuter am Markt, können für dieses Gericht auch Majoran oder Thymian verwendet werden. Zu den Basilikumkartoffeln kann man noch etwas Salbei geben.

Kartoffelpüree

Feine Kartoffelpfannkuchen

4 Portionen à ca. 1275 kJ (305 kcal)

400 g mehlige Kartoffeln, Salzwasser, 1/8 l Sahne, 1/16 l Milch, 25 g Mehl, 4 Eier, Salz, weißer Pfeffer, geriebene Muskatnuß, Butter zum Braten.

Gewaschene Kartoffeln schälen und in wenig Salzwasser in 25 Minuten garen. Abgießen, ausdämpfen lassen und durch die Kartoffelpresse drücken.
Sahne und Milch erhitzen und mit dem Schneebesen unter die Kartoffeln schlagen. Das Mehl und die Eier ebenfalls untermischen. Die Masse mit Salz, Pfeffer und Muskatnuß abschmecken.
Butter in einer kleinen Pfanne erhitzen und jeweils 2 Eßlöffel Kartoffelmasse hineingeben. Zu einem runden Pfannkuchen auseinanderdrükken. Auf jeder Seite etwa 1 Minute knusprig braun braten. Nebeneinander liegend im Backofen warm halten, bis alle Pfannkuchen fertig sind.
Als Beilage zu allen mageren Braten, zu kurzgebratenem Fleisch oder gebratenem Fisch reichen.

Tip *Die Kartoffelpfannkuchen bekommen einen ganz besonderen Geschmack, wenn man entweder 2-3 zerdrückte Knoblauchzehen oder 1 Bund gehackte glatte Petersilie in den Teig mischt.*

Kartoffelfinger

4 Portionen à ca. 1505 kJ (360 kcal)

500 g mehlig kochende Kartoffeln, 100 g Mehl, 2 Eigelb, 4 Eßl. Sahne, 1 Teel. Salz, geriebene Muskatnuß, 50 g Schweineschmalz.

Die gewaschenen Kartoffeln als Pellkartoffeln kochen, abgießen, abschrecken, sofort pellen und durch die Kartoffelpresse drücken oder mit dem Kartoffelstampfer zerstampfen. Noch heiß mit dem Mehl, den Eigelb, der Sahne und den Gewürzen verkneten, am besten mit den Knethaken der Küchenmaschine. Abkühlen lassen.
Aus dem Teig auf der bemehlten Arbeitsfläche eine Rolle von etwa 5 cm Durchmesser formen und diese in 2 cm dicke Scheiben schneiden. Mit bemehlten Händen aus den Scheiben daumendicke Rollen formen.
Das Schweineschmalz in einer großen Pfanne erhitzen und die „Finger" darin rundherum knusprig braun braten.
Kartoffelfinger als Beilage zu allen mageren Braten reichen.

Ungarische Speckkartoffeln

4 Portionen à ca. 1445 kJ (345 kcal)

750 g Kartoffeln, 250 g Zwiebeln, 1 grüne Paprikaschote, 1 rote Paprikaschote, 100 g durchwachsener Speck, 10 g Schweineschmalz, 1 Eßl. Paprika edelsüß, ½ Teel. Paprika rosenscharf, 1–2 Knoblauchzehen, 1 Prise Salz.

Kartoffeln schälen, in etwa 2 cm große Würfel schneiden. Die geschälten Zwiebeln hacken. Die gewaschenen Paprikaschoten von den Stengelansätzen, den Rippen und Kernen befreien und ebenfalls würfeln.
Den gewürfelten Speck bei nicht zu starker Hitze in einem Topf auslassen. Grieben herausnehmen und beiseite stellen.
Schmalz zu dem Speckfett geben. Die Zwiebeln darin glasig braten. Mit beiden Paprikasorten verrühren und mit 3 Eßl. Wasser ablöschen. Kartoffelwürfel, Paprikawürfel, die geschälten, durch die Presse gedrückten Knoblauchzehen dazugeben und mit Salz würzen.
Zugedeckt bei milder Hitze in etwa 20 Minuten garen. Die Grieben in einer anderen Pfanne noch einmal erhitzen. Die Kartoffeln in eine Schale füllen und mit den Speckgrieben bestreut servieren.
Als Beilage zu gebratenen Koteletts, Schnitzeln oder Roastbeef reichen.

Tip *Wer Speck und Schweineschmalz nicht verträgt, nimmt statt dessen 4–5 Eßlöffel Sonnenblumenöl. Auch diese Methode ist typisch ungarisch.*

Italienische Rosmarinkartoffeln

4 Portionen à ca. 1005 kJ (240 kcal)*

750 g mehlig festkochende Kartoffeln, 2 Knoblauchzehen, 4 Eßl. bestes Olivenöl, 1 Teel. Rosmarinnadeln, 1 Teel. grobes Salz (am besten Meersalz).

Die gewaschenen Kartoffeln schälen und vierteln. Die Knoblauchzehen schälen, fein zerdrücken und mit dem Öl mischen.
Ein Backblech mit Alufolie auslegen und mit etwas Knoblauchöl bestreichen. Darauf die Kartoffeln verteilen, mit Rosmarinnadeln und Salz bestreuen und mit dem restlichen Knoblauchöl beträufeln. Die Kartoffeln im vorgeheizten Backofen (250°, Gas Stufe 6) in etwa 45 Minuten knusprig braun braten. Dabei gelegentlich wenden.
Die Rosmarinkartoffeln schmecken gut zu Lamm- oder Hammelbraten, aber auch zu deftigem Rinderschmor- oder Schweinebraten und kurzgebratenem Fleisch.

Kartoffeln ‚Berryer Art'

4 Portionen à ca. 2280 kJ (545 kcal)

800 g kleine, neue Kartoffeln, 40 g Butter, 200 g Schinkenspeck, 4 Zwiebeln, 1 Bund Petersilie, ½ l Rinderbouillon, Salz, schwarzer Pfeffer.

Die gewaschenen Kartoffeln schälen. Den Schinkenspeck fein würfeln. Geschälte Zwiebeln hacken. Petersilie waschen, trockenschwenken und hacken.
Butter in einem Topf erhitzen, den Speck darin bei milder Hitze auslassen. Zwiebeln dazugeben und glasig braten. Dann die Kartoffeln und die Petersilie hineingeben, mit der Bouillon auffüllen. Mit Salz und Pfeffer abschmecken und im geschlossenen Topf in 25 bis 30 Minuten garen. Kartoffeln in eine vorgewärmte Schüssel füllen und rasch servieren.
Als Beilage zu Bratwurst, gebratenen Fischen, Tafelspitz oder anderem Kochfleisch und Rinderschmorbraten reichen.

Würzkartoffeln

4 Portionen à ca. 1025 kJ (245 kcal)*

750 g festkochende Kartoffeln, Salz, 1 kleine grüne Chilischote, 4 Eßl. bestes Olivenöl, 1 Teel. gelbe Senfkörner, ½ Teel. Korianderkörner, ½ Teel. grob geschroteter Pfeffer, 1 Teel. Zucker, ½ Bund Kerbel.

Gewaschene Kartoffeln schälen und in Salzwasser in 15 Min. halbgar kochen.
In der Zwischenzeit die Chilischote aufschneiden, entkernen und fein hacken. Das Olivenöl in einer großen Pfanne nicht zu stark erhitzen. Chilischote und die Gewürze hineingeben und unter ständigem Rühren 5 Minuten rösten.
Die Kartoffeln abgießen, in dicke Scheiben oder in Viertel schneiden und in die Pfanne geben.
Unter häufigem Wenden goldbraun braten. Dann mit dem Zucker bestreuen, so lange weiterbraten, bis der Zucker karamelisiert ist.
Den Kerbel abspülen, trockenschwenken und hacken. Kartoffeln in eine vorgewärmte Schüssel geben und mit Kerbel bestreut servieren.
Die Kartoffeln schmecken besonders gut zu gebratenem Fischfilet, zu Fleischspießchen und zu gegrilltem Fleisch aller Art.
Variation: Wenn frischer Kerbel nicht erhältlich ist, kann man ihn durch glatte Petersilie ersetzen. Sehr gut schmecken aber auch frisches Basilikum oder frischer Borretsch.

Kartoffeln „Berryer Art“

Pellkartoffeln

4 Portionen à ca. 710 kJ (170 kcal)*

1000 g neue Kartoffeln (möglichst eine mehlig festkochende Sorte), 1 l Wasser, 1 Eßl. Salz (am besten Meersalz), 1 Teel. Kümmel.

Kartoffeln unter fließendem Wasser gründlich abbürsten. In einen Topf geben und mit kaltem Wasser auffüllen. Mit Salz und Kümmel würzen.
Das Wasser zum Kochen bringen. Von dem Zeitpunkt an die Kartoffeln in 25 Minuten garen.
Die Kartoffeln abgießen, ganz kurz mit kaltem Wasser abschrecken, dann sofort pellen und heiß servieren.
Sie schmecken besonders gut zu Kräuterquark, der mit Sahne und Gewürzen angemacht wurde (siehe Seite 122), zu frischem Spargel oder auch zu jungen Zuckererbsen.

Tip *Pellkartoffeln sollten möglichst gleich groß sein, um eine einheitliche Garzeit zu haben. Sind aber doch einmal zu große Knollen dabei, werden sie mit einem Zahnstocher oder einem Holzstäbchen angestochen. Die Kochhitze dringt dann leichter ins Innere der Kartoffeln.*

Kartoffeln provençale

4 Portionen à ca. 920 kJ (220 kcal)*

600 g kleine, festkochende Kartoffeln, 4 Eßl. bestes Olivenöl, Salz, schwarzer Pfeffer aus der Mühle, 1 Teel. provençalische Kräutermischung, 1 Bund glatte Petersilie, 2–3 Knoblauchzehen.

Gewaschene Kartoffeln als Pellkartoffeln kochen, abgießen, abschrecken, pellen.
Öl in einer großen Pfanne erhitzen, die Kartoffeln hineingeben, mit Salz, Pfeffer und den Kräutern mischen, unter häufigem Wenden rundherum goldbraun braten.
In der Zwischenzeit die abgespülte, trockengeschwenkte Petersilie nicht allzu fein hacken und die geschälten Knoblauchzehen durch eine Presse drücken. Beides in der Pfanne mit den Kartoffeln mischen. Kartoffeln in eine vorgewärmte Schüssel füllen und servieren.

Sie schmecken besonders gut zu gebratenem oder gegrilltem Lamm- oder Hammelfleisch, aber auch zu in Rotwein geschmortem Rinderbraten oder gebratenem oder gegrilltem Meeresfisch.

Sandkartoffeln

4 Portionen à ca. 1150 kJ (275 kcal)

600 g möglichst kleine, neue Kartoffeln, 60 g Butter, ½ Teel. gemahlener Kümmel, 3 Scheiben altbackenes Toastbrot, 1 geh. Teel. grobes Meersalz.

Die Kartoffeln gründlich unter fließendem Wasser abbürsten, jedoch nicht schälen.
Die Butter in einer großen Pfanne soweit erhitzen, daß sie eben aufschäumt. Die gründlich abgetrockneten Kartoffeln hineingeben, mit Kümmel bestreuen und unter häufigem Wenden bei nicht zu starker Hitze in 25 bis 30 Min. rundherum knusprig braun braten.
In der Zwischenzeit das Toastbrot entrinden und grob zerkrümeln. Am besten legt man die Brotscheiben zwischen zwei Blätter Pergamentpapier und zerdrückt sie mit einer Kuchenrolle. Brot über die Kartoffeln streuen und knusprig rösten.
Dann erst die Kartoffeln salzen. Sandkartoffeln entweder in einer Schüssel oder in der Pfanne servieren.
Zu allem kurzgebratenen Fleisch oder zu Wildbraten reichen.

Tip *Eine interessante geschmackliche Note bekommen die Kartoffeln, wenn man 30 g Butter durch 2 Eßl. allerfeinstes Olivenöl ersetzt.*

Zwiebelkartoffeln

4 Portionen à ca. 1550 kJ (370 kcal)

500 g kleine Zwiebeln oder Schalotten, 125 g durchwachsener Speck, 20 g Butter, 500 g Kartoffeln, ¼ l Fleischbrühe, schwarzer Pfeffer aus der Mühle, je 1 Eßl. gehackte Petersilie und Kerbel.

Zwiebeln schälen, aber im Ganzen lassen.
Den Speck fein würfeln und in einem Topf langsam auslassen. Dann die Grieben herausnehmen und beiseite stellen. Butter im Topf zerlassen und die Zwiebeln darin rundherum goldbraun anbraten.
Nebenher die gewaschenen Kartoffeln schälen und je nach Größe halbieren oder vierteln. Zu den Zwiebeln geben und kurz mit anbraten. Dann mit Fleischbrühe ablöschen und aufkochen. Im geschlossenen Topf bei nicht zu starker Hitze in 25 Minuten garen. Mit Pfeffer abschmecken.
Die Speckgrieben in einer Pfanne wieder erhitzen.
Die Zwiebelkartoffeln in eine Terrine füllen und mit den Grieben, Petersilie und Kerbel bestreut servieren.
Zwiebelkartoffeln passen zu deftigen Braten, zu Schweine- und Lammkoteletts.

Tip *Für festliche Essen nimmt man nur ganz kleine Kartoffeln, die dann natürlich nicht zerkleinert werden.*

Schalenkartoffeln

4 Portionen à ca. 940 kJ (225 kcal)*

750 g kleine, neue Kartoffeln, 1 Teel. Salz, ½ Teel. Fenchelsamen, ½ Teel. Kümmel, 1 Petersilienwurzel, 50 g Butter, 1 Bund Petersilie.

Kartoffeln gründlich unter fließendem Wasser abbürsten. Mit Salz, Fenchelsamen, Kümmel und der geschälten Petersilienwurzel in kaltem Wasser aufsetzen, so daß die Kartoffeln gut bedeckt sind. In 25 Minuten als Pellkartoffeln kochen. Dann abgießen und kurz abspülen, so daß alle Gewürze entfernt werden. Die Kartoffeln in einem Tuch vorsichtig trockentupfen.
Die Butter in einer großen Pfanne erhitzen und die Kartoffeln darin rundherum knusprig braun braten. Die Petersilie abspülen, trockenschwenken und fein hacken. Über die Kartoffeln streuen und noch ganz kurz mitbraten. Die Kartoffeln in eine vorgewärmte Schüssel füllen und rasch servieren.
Schalenkartoffeln schmecken zu herzhaften Fleischgerichten wie Hackbraten, Schweinebraten, Rinderschmorbraten oder Wildschweinbraten.

Kräuterkartoffeln

4 Portionen à ca. 940 kJ (225 kcal)*

500 g festkochende Kartoffeln, 40 g Butter, 2 Eßl. Öl, Salz, 1 Bund glatte Petersilie, 1 Bund Kerbel. ½ Bund Basilikum.

Die gewaschenen Kartoffeln schälen und in streichholzdicke Streifen schneiden. In ein Küchentuch geben und leicht auspressen. Die Hälfte der Butter und das Öl in einer schweren Eisenpfanne erhitzen, die Hälfte der Kartoffeln hineingeben, salzen und knusprig braun braten. Petersilie, Kerbel und Basilikum abspülen, trockenschwenken und hacken. Über die Kartoffeln streuen. Darüber die restlichen Kartoffelstifte geben und salzen.
Die Kartoffeln mit Hilfe eines flachen Topfdeckels vorsichtig wenden und auch die zweite Seite knusprig braten. Bevor dieser „Kartoffelkuchen" wieder in die Pfanne zurückkommt, die restliche Butter hineingeben. Die Kartoffeln auf einer vorgewärmten Platte anrichten und sofort servieren.
Zu Nieren in Senfsoße, Kalbsherzragout, Schweinefilet in Knoblauch-Sahne-Soße oder gegrillten Lammkoteletts reichen.

Schalenkartoffeln

Brühkartoffeln

4 Portionen à ca. 565 kJ (135 kcal)*

500 g mehlig festkochende Kartoffeln, Salzwasser, 200 g Karotten, 2 Stangen Lauch, ½ kleine Sellerieknolle, ½ l Rinderbrühe, Salz, schwarzer Pfeffer aus der Mühle, 1 Prise Ingwerpulver, 1 Eßl. gehackte glatte Petersilie.

Gewaschene Kartoffeln schälen und in etwa 2 cm große Würfel schneiden. Das Salzwasser sprudelnd aufkochen und die Kartoffelwürfel darin 5 Minuten blanchieren. Auf ein Sieb schütten, unter kaltem Wasser abschrecken und abtropfen lassen.
Karotten schaben, Lauch putzen, Sellerieknolle schälen. Karotten mit dem Buntmesser in dünne Scheiben, Lauch in dünne Ringe und Sellerie in kleine Würfel schneiden. Die Brühe aufkochen, Gemüse hineingeben und 10 Minuten kochen. Die Kartoffeln dazugeben und alles noch 5 Minuten kochen lassen. Mit Salz, Pfeffer und Ingwerpulver abschmecken. In eine Schüssel füllen und mit der Petersilie bestreut servieren.

Als Beilage zu gekochter Rinderbrust mit Meerrettich, zu Tafelspitz oder Rinderschmorbraten reichen.

Tip *Aus Brühkartoffeln werden Bechamelkartoffeln, wenn man Kartoffeln und Gemüse abgießt und die Brühe auffängt. Eine Mehlschwitze mit Butter zubereiten und mit ¼ l Brühe, ⅛ l Milch und ⅛ l Sahne ablöschen und als Soße kochen. Kartoffeln und Gemüse wieder hineingeben.*

Kartoffelgemüse

4 Portionen à ca. 1090 kJ (260 kcal)

750 g mehlig festkochende Kartoffeln, 1 Zwiebel, 40 g Butterschmalz, 30 g Mehl, ½ l kräftige Rinderbrühe, Salz, weißer Pfeffer, 1 Prise Zucker, Weinessig.

Die gewaschenen Kartoffeln als Pellkartoffeln kochen, abgießen, abschrecken und pellen. Die geschälte Zwiebel in dem heißen Butterschmalz glasig braten, das Mehl dazuschütten und hell anschwitzen. Mit Rinderbrühe ablöschen und unter Rühren 8 Min. köcheln lassen.
Kartoffeln in Scheiben schneiden und in die Soße geben. Mit Salz, Pfeffer, Zucker und beliebig viel Weinessig abschmecken.
Als Beilage zu Schweinebraten, Bratwurst, gebratener Blut- oder Leberwurst sowie zu gekochten Rippchen reichen.

Pommes frites

4 Portionen à ca. 1005 kJ (240 kcal)*

750 g große, längliche Kartoffeln (mehlig festkochend), 1 l Öl oder 750 g Kokosfett zum Ausbacken, Salz.

Kartoffeln waschen, schälen, in 1 cm dicke Scheiben, dann in 1 cm breite, 3 bis 4 cm lange Stifte schneiden. (Oder man schneidet die Kartoffeln mit einem speziellen Pommes-frites-Schneider, den es in Haushaltswarengeschäften zu kaufen gibt.)
Öl oder Kokosfett in der Friteuse auf 180° erhitzen. Wer keinen Thermostat an seinem Gerät oder kein Fettthermometer hat, kann die richtige Hitze auf folgende Weise prüfen: Einen Kochlöffelstiel aus Holz in das Fett tauchen. Steigen um den Stiel kleine Bläschen auf, ist die richtige Temperatur erreicht.
Die Kartoffeln in 4 Portionen teilen und in einem sauberen Küchentuch etwas ausdrücken. Jede Portion einzeln ins Fett tauchen, in etwa 2 Minuten hellgelb werden lassen, dann herausnehmen, abtropfen lassen und beiseite stellen, bis auch die übrigen Kartoffelstifte vorfritiert sind.
Das Fett wieder auf 180° erhitzen, alle Kartoffelstifte auf einmal hineingeben und in etwa 5 Min. goldbraun ausbacken. Den Korb der Friteuse hochstellen, die Pommes frites gründlich abtropfen lassen und salzen. Dann sofort servieren. Sie schmecken als Beilage zu allen flachen gebratenen Fleischsorten.

Ebenso werden Strohkartoffeln, Waffelkartoffeln, Kartoffelnester und Pommes soufflées zubereitet:
Pommes soufflées blähen sich – wie ihr Name sagt – während des Ausbackens auf. Für diese Kartoffeln muß man allerdings mit zwei Fettbädern arbeiten. Das eine, fürs Vorfritieren, darf nicht heißer als 130° sein, das zweite 180°.
Die Kartoffeln werden in etwa 3 mm dicke Scheiben geschnitten und auf einem Küchentuch etwas ausgedrückt. Dann gibt man ca. 15 Kartoffelscheiben in den Fritierkorb. Die Scheiben dürfen nicht übereinander liegen. In das auf 130° erhitzte Fett geben und 5 Minuten vorgaren. Abtropfen lassen und rasch in das 180° heiße Fettbad tauchen. Sofort nach dem Aufblähen herausnehmen und zum Abfetten auf Haushaltspapier legen. Sind alle Kartoffeln fertig, werden sie zusammen wieder in das 180° heiße Fettbad gegeben und in etwa 5 bis 6 Min. knusprig braun ausgebacken. Gut abtropfen lassen, salzen. Pommes soufflées schmecken als Beilage und als Knabberei zu Bier und Wein.

Strohkartoffeln
Die Kartoffeln werden in allerhöchstens streichholzlange und etwa 5 mm dicke Stifte geschnitten. Hierfür gibt es im Fachhandel Spezialgeräte. Die Vorfritierzeit beträgt etwa 2 Minuten, die eigentliche Fritierzeit 3 Minuten. Strohkartoffeln passen zu feinen Fleischsorten wie Kalbsbraten, Filetsteaks und Rehmedaillons.

Kartoffelnester
Hierfür werden die Kartoffeln ebenso klein geschnitten wie für Strohkartoffeln und 2 Minuten vorfritiert. Dann taucht man die leeren Metallkörbchen in das heiße Fett, damit sie sich erwärmen. Nun mit Kartoffelstreifen füllen und jedes Nest in 10 bis 12 Minuten goldbraun ausbacken. Kartoffelnester werden mit zarten Gemüsen gefüllt und zu feinen Fleischsorten wie Chateaubriand, Entrecote, Filetsteak, Kalbssteak und ähnlichem gereicht.

Waffelkartoffeln
Diese Art kann man nur mit einem Spezialgerät zuschneiden, das es im Fachhandel gibt. Das Waffelmuster entsteht beim Schneiden, indem man die Kartoffel um 90 Grad dreht. Die Vorfritierzeit beträgt etwa 2 Minuten, die eigentliche Fritierzeit 4 bis 5 Minuten. Waffelkartoffeln zu allen feineren Fleischarten wie Kalbsfilet, Entrecote, Chateaubriand und Hirschkalbssteak reichen.

Skorthalia

(Griechische Knoblauchcreme)

Insgesamt ca. 1485 kJ (355 kcal)

4 mittelgroße, frisch gekochte Pellkartoffeln,
4–5 große Knoblauchzehen,
½ Teel. Salz,
2 kleine Eigelb,
⅛ l bestes Olivenöl,
4 Eßl. Essig.

Die Pellkartoffeln schälen und mit dem Kartoffelstampfer fein zerdrücken oder durch die Kartoffelpresse drükken. Die Knoblauchzehen schälen, grob hacken, dann mit Salz im Mörser fein zerstoßen.
Eigelb mit dem Knoblauch schaumig schlagen, dann nach und nach die Kartoffelmasse dazugeben. Öl in dünnem Strahl einlaufen lassen, so daß eine mayonnaisenähnliche Soße entsteht.
Skorthalia wird in Griechenland zu gebackenen Auberginen- oder Zucchinischeiben als Vorspeise serviert. Sie schmeckt jedoch auch sehr gut zu gebratenem oder gebackenem Seefisch oder zu hauchdünnen, kurzgebratenen Rindfleischscheiben.

Verschiedene fritierte Kartoffeln. Links: Dünne Pommes frites, Strohkartoffeln genannt. Rechts: Waffelkartoffeln. Unten: Kartoffelnester, im vorgebackenen Zustand noch im Körbchen und fertig knusprig braun gebacken.

Kartoffeln aus Pfanne und Backofen

Bratkartoffeln und Kartoffelpuffer sind Reizworte, bei denen allen Kartoffelfreunden das Wasser im Mund zusammenläuft. Denn beide haben die schöne Eigenschaft, ungemein variationsfähig zu sein.
Ebenso vielseitig sind Ofengerichte mit und aus Kartoffeln. Ob sie nun mit üppiger Fleischbeigabe oder als preiswertes Gericht zubereitet werden: Sie schmecken immer. Egal, ob als Auflauf oder als Gratin mit viel Sahne und Eiern zubereitet oder einfach „nur" auf dem Blech gebraten oder gegrillt, die Kartoffel läßt vieles mit sich machen.

Schweizer Rösti

4 Portionen à ca. 1190 kJ (285 kcal)*

1000 g festkochende Kartoffeln, Salzwasser, 1 Zwiebel, ½ Teel. Salz, 2 Eßl. feinstes Pflanzenöl, 30 g Butter.

Kartoffeln gründlich waschen, dann in so viel kochendes Salzwasser einlegen, daß sie gut bedeckt sind. 10 Minuten in dem sprudelnden Wasser kochen. Abgießen, abschrecken und pellen. Dann auf einer Reibe mit tropfenförmigen Löchern raffeln. Die Zwiebel schälen und ganz fein hacken. Die Kartoffeln mit Zwiebel und Salz mischen. Öl und Butter in einer Pfanne erhitzen, die Kartoffelmasse hineingeben und mit einem Spatel zu einem Kuchen zusammendrücken. So lange braten, bis die Unterseite knusprig braun ist. Dann die Rösti auf einen Teller gleiten lassen, wenden und auch die Unterseite braten. Auf einer vorgewärmten Platte oder in der Pfanne servieren. Rösti wird zu Zürcher Geschnetzeltem, zu feinen Ragouts, zu kurzgebratenem hellen Fleisch oder hellen Braten gereicht.

Tip *Man kann noch mehr Zwiebeln, Kräuter, gewürfelten Schinken oder Bratenreste unter die Kartoffeln mischen. Dann ist Rösti, zusammen mit einem gemischten Salat, ein eigenständiges Gericht, das sowohl als Mittag- wie auch als Abendessen serviert werden kann.*

Berner Rösti

4 Portionen à ca. 1675 kJ (400 kcal)

750 g festkochende Kartoffeln, Salzwasser, 1 Teel. Kümmel, 100 g fetter Speck, Salz, 2 Eßl. Milch.

Die gewaschenen Kartoffeln in dem mit Kümmel gewürzten Salzwasser als Pellkartoffeln kochen, abgießen, abschrecken und pellen. Über Nacht zugedeckt stehen lassen. Am nächsten Tag wie für Schweizer Rösti vorbereiten (siehe oben).
Den Speck fein würfeln und in einer Pfanne ganz auslassen. Die Kartoffeln dazugeben, salzen und mit dem Pfannenwender so lange wenden, bis das Fett fast ganz von den Kartoffeln aufgenommen wurde. Die Kartoffeln dann zu einem Kuchen zusammendrücken und so lange braten, bis die Unterseite goldbraun ist. Die Milch darüberträufeln und die Rösti mit Hilfe eines Topfdeckels wenden. Dann weiterbraten, bis auch die Unterseite goldbraun ist. Auf einer vorgewärmten Platte heiß servieren.
Rösti paßt zu allen kurzgebratenen Fleischgerichten, aber auch zu Wildbraten oder Wildgeflügel.

Reibedatschi
„Fränkische Art“
Kartoffelpfannkuchen

Reibekuchen
mit Sahne

Schwedische
Reibekuchen

Rheinische
Reibekuchen

Rezepte Seite 92/93, 96

Reibedatschi 'Fränkische Art'

4 Portionen à ca. 1675 kJ (400 kcal)

**12 mittelgroße Kartoffeln,
4 Eigelb,
125 g grobe Haferflocken,
Salz,
Öl zum Ausbacken.**

(Foto Seite 90/91)

Die gewaschenen Kartoffeln schälen und mittelfein reiben. In ein Küchentuch geben und leicht ausdrücken. Mit Eigelb und Haferflocken mischen und mit Salz abschmecken. Den Teig etwa 15 Minuten quellen lassen. Ist er zu weich, noch einige Löffel Haferflocken dazugeben. Ist er zu fest, etwas Kartoffelwasser zufügen.
Reichlich Öl in einer großen Pfanne erhitzen, jeweils 2 Eßlöffel voll Teig als ein ,,Datschi'' hineingeben und auf beiden Seiten knusprig braun braten. Möglichst frisch aus der Pfanne servieren oder auf einem Backblech nebeneinanderliegend im Backofen warm halten. Dazu Preiselbeerkompott reichen.

Tip *Reibedatschi schmecken auch pikant. Dann etwas geriebene Zwiebeln in den Teig geben und auf die fertigen Pfannkuchen einen dicken Klecks saure Sahne.*

Kartoffelpfannkuchen

4 Portionen à ca. 1715 kJ (410 kcal)

**800 g mehlige Kartoffeln,
Salz,
4 Zwiebeln,
2 Knoblauchzehen,
1 Bund Petersilie,
100 g durchwachsener Speck,
50 g Butter,
weißer Pfeffer,
½ Teel. gerebelter Majoran,
1 Prise geriebene Muskatnuß.**

(Foto Seite 90/91)

Gewaschene Kartoffeln schälen und in reichlich Salzwasser kochen. Die Zwiebeln und die Knoblauchzehen schälen und hacken. Petersilie abspülen, trockenschwenken und ebenfalls hacken. Den gewürfelten Speck in einer großen Pfanne auslassen. Die Hälfte der Butter zufügen und die Zwiebeln und den Knoblauch darin goldgelb braten.
Die Kartoffeln abgießen, ausdämpfen lassen, durch die Kartoffelpresse drücken und mit der Speck-Zwiebel-Mischung sowie der Petersilie mischen. Mit Salz, Pfeffer, Majoran und Muskat abschmecken.
Die restliche Butter in der Pfanne erhitzen und die Kartoffelmasse hineingeben. Flachdrücken und so lange braten, bis die Unterseite goldbraun ist. Den Pfannkuchen mit Hilfe eines flachen Topfdeckels wenden und auch die zweite Seite bräunen. Den Pfannkuchen auf einer vorgewärmten Platte servieren.
Dazu einen grünen oder gemischten Salat oder Bohnensalat reichen. Man kann zusätzlich noch Spiegeleier servieren.

Schwedische Reibekuchen

4 Portionen à ca. 1340 kJ (320 kcal)*

750 g mehlig festkochende Kartoffeln, 2 Eßl. Schnittlauchröllchen, 1 Teel. Salz, schwarzer Pfeffer aus der Mühle, 1 Eßl. Grieß, 40 g Butter, 4 Eßl. Pflanzenöl oder 40 g Butterschmalz.

(Foto Seite 90/91)

Die gewaschenen Kartoffeln schälen und grob reiben. In einem sauberen Küchentuch nur ganz wenig ausdrücken und mit Schnittlauch, Salz, Pfeffer und Grieß vermischen.
Butter und Öl in einer großen Pfanne erhitzen. Für jeden Reibekuchen 2 Eßlöffel voll Masse hineingeben und möglichst flach auseinanderdrücken. Auf jeder Seite knusprig braun braten und sofort servieren.
Als Vorspeise serviert schmeckt zu diesen Reibekuchen kühle Crème fraîche besonders gut. Oder man reicht sie als Beilage zu kurzgebratenem Fleisch und Wildbraten.

Tip *Das ausgedrückte Kartoffelwasser auffangen und in eine Schüssel geben. Die Kartoffelstärke sinkt nach unten. Das Wasser abgießen. Stärke etwas trocknen lassen, dann trocken aufbewahren.*

Reibekuchen mit Sahne

4 Portionen à ca. 1800 kJ (430 kcal)

1500 g festkochende Kartoffeln, 1 Zwiebel, 1 Knoblauchzehe, 1 Eßl. gehackte Petersilie, 4 Eier, 1 Becher dicke saure Sahne (200 g), Salz, weißer Pfeffer, Butterschmalz zum Braten.

(Foto Seite 90/91)

Alle Kartoffeln abwaschen, schälen und mittelfein reiben. Ein Sieb mit einem Küchentuch auslegen, die Kartoffeln hineingeben und über einer Schüssel kräftig ausdrücken. Das abgelaufene Wasser so lange stehen lassen, bis sich die Stärke am Boden abgesetzt hat. Das Wasser dann abgießen und die Stärke zu den Kartoffeln geben.
Zwiebel und Knoblauchzehe schälen und ganz fein hacken. Zusammen mit der Petersilie, den Eiern und der Sahne zu den Kartoffeln geben. Alles gut mischen und mit Salz und Pfeffer abschmecken.
Butterschmalz in einer großen Pfanne erhitzen. Immer 2 Eßlöffel voll Teig zu einem Reibekuchen in die Pfanne geben und auf beiden Seiten knusprig braun braten. Frisch aus der Pfanne essen.
Dazu schmeckt besonders gut nur etwas Crème fraîche und Salz. Man kann aber auch Käse und Schinken dazu reichen.

Tip *Wenn's mal schnell gehen muß, kann man auch Kartoffelpufferpulver verwenden, dann aber einen Teil der vorgeschriebenen Flüssigkeit wie in diesem Rezept durch Sahne und Eier ersetzen.*

Spanisches Kartoffel-Omelett

(Tortilla de patata)

4 Portionen à ca. 1485 kJ (355 kcal)

500 g Kartoffeln, 2 Zwiebeln, 5 Eßl. bestes Olivenöl, Salz, 8 Eier.

Die gewaschenen Kartoffeln schälen und in dünne Scheibchen schneiden. In ein sauberes Küchentuch einschlagen und vorsichtig etwas ausdrücken.
Die Zwiebeln schälen und fein hacken. Das Öl in einer großen Pfanne heiß werden lassen, die Zwiebeln darin glasig braten. Die Kartoffeln dazugeben und salzen. Unter häufigem Wenden braten, bis sie weich sind und eben zu bräunen beginnen.
Die Eier verquirlen, leicht salzen und über die Kartoffeln gießen. Alles gut mischen. Dann so lange braten, bis die Unterseite eben zu stocken beginnt. Das Omelett wenden und die zweite Seite braten. Es ist gar, wenn die Eimasse innen noch etwas weich ist. In vier Portionen teilen und auf vorgewärmten Tellern sofort servieren.
Mit grünem oder gemischtem Salat oder auch mit in Streifen geschnittenem, angemachten Paprika als Abendessen reichen.

Pytt i Panna

(Schwedisches Pfannengericht)

4 Portionen à ca. 2760 kJ (660 kcal)

750 g festkochende Kartoffeln, 250 g Zwiebeln, 250 g durchwachsener oder Schinkenspeck, 2 Eßl. Öl, 100 g gekochter Schinken, Salz, schwarzer Pfeffer aus der Mühle, 2 Eßl. gehackte Petersilie.

Gewaschene Kartoffeln als Pellkartoffeln kochen. Die Zwiebeln schälen und in Streifen schneiden. Speck in dünne Scheiben schneiden oder grob würfeln. Das Öl in einer großen Pfanne erhitzen. Speck und Zwiebeln darin anbraten.
Die Kartoffeln abgießen, abschrecken, pellen und ebenfalls in Scheiben schneiden oder würfeln. In die Pfanne geben und knusprig braun braten. Dann erst mit dem gewürfelten gekochten Schinken mischen. Mit Salz und Pfeffer würzen und mit gehackter Petersilie bestreuen. In der Pfanne auftragen.
Dazu pro Person ein rohes Eigelb oder auch ein Spiegelei reichen. Als Getränk passen kühles Bier und ein eiskalter Aquavit besonders gut.
Variation: In Schweden kennt man noch eine üppigere Form dieses Gerichts: Nur 500 g Kartoffeln verwenden, dafür aber statt des Specks 500 g gebratenes oder gekochtes Rindfleisch und 250 g gekochter Schinken. Dazu gibt es ebenfalls rohe Eigelb oder auch Spiegeleier.

Spanisches
Kartoffel-Omelett

Pytt i Panna

Rheinische Reibekuchen

4 Portionen à ca. 1485 kJ (355 kcal)

1500 g Kartoffeln,
2 Zwiebeln,
3 Eier,
Salz,
schwarzer Pfeffer aus der Mühle,
Öl zum Braten.

(Foto Seite 90/91)

Gewaschene Kartoffeln schälen und mittelfein reiben. Ein Sieb mit einem Mulltuch auslegen, die Kartoffeln hineingeben und kräftig ausdrücken. Die Kartoffeln dann in einer Schüssel mit den geschälten, ganz fein gehackten Zwiebeln und den Eiern vermischen. Mit Salz und Pfeffer abschmecken.
Das Öl in einer großen, schweren Pfanne rauchheiß werden lassen. Immer 2 Eßlöffel voll Teig als ein Reibekuchen hineingeben, die Masse sehr dünn streichen. Reibekuchen auf beiden Seiten knusprig braun braten. So lange warm halten, bis alle fertig sind.

Dazu Apfelmus, Apfel- oder ein Birnenkompott reichen.

Tip *Am besten schmecken die Reibekuchen natürlich direkt aus der Pfanne, nur muß dann aber jemand ständig backen, während die anderen essen. Man kann die Reibekuchen aber auch nebeneinander auf den Bratrost legen und im Backofen warm halten. Diese Methode eignet sich sehr gut für Heißluftherde.*

Geröstel

4 Portionen à ca. 2490 kJ (595 kcal)

125 g roter Preßsack (Sülzwurst),
125 g schwarzer Preßsack (Sülzwurst),
125 g Landleberwurst,
12 mittelgroße Pellkartoffeln,
2 Zwiebeln,
50 g Schweineschmalz,
2 Gewürzgurken,
6 Eier, Salz,
weißer Pfeffer.

Roten und schwarzen Preßsack in etwa 2 cm große Würfel, die Leberwurst in Scheiben schneiden. Die geschälten Kartoffeln in gleichmäßige Würfel schneiden und die geschälten Zwiebeln hacken.
Schweineschmalz in einer großen Pfanne erhitzen, die Zwiebeln darin glasig braten, dann die vorbereiteten Zutaten hineingeben und unter häufigem Wenden so lange braten, bis die Kartoffeln gebräunt sind. Dann erst die gewürfelten Gewürzgurken zufügen und kurz mit erhitzen.

Die Eier verquirlen, mit Salz und Pfeffer würzen, in die Pfanne geben und stocken lassen, bis sie trocken und krümelig sind. Das Geröstel in der Pfanne servieren.
Dazu reichlich frischen Krautsalat mit Kümmel oder Kopfsalat in Essig-Öl-Marinade reichen.

Überbackene Sahnekartoffeln

4 Portionen à ca. 1755 kJ (420 kcal)

650 g mehlig festkochende Kartoffeln, Salz, Kümmel, 1 Zwiebel, 1 Knoblauchzehe, 40 g Butter, 75 g Semmelbrösel, schwarzer Pfeffer aus der Mühle, 1/8 l Sahne, 50 g Crème fraîche.

Die gewaschenen Kartoffeln in reichlich Salzwasser zusammen mit mindestens 1 Teel. Kümmel, der geschälten Zwiebel und der geschälten Knoblauchzehe als Pellkartoffeln kochen. Abgießen, abschrecken, pellen und in etwa 3 mm dicke Scheiben schneiden.
Eine feuerfeste Form mit der Butter ausstreichen und mit einem Teil der Semmelbrösel ausstreuen. Die Kartoffeln lagenweise einschichten und jede Lage mit etwas Salz und Pfeffer würzen. Die Sahne und die Crème fraîche verrühren und über die Kartoffeln gießen. Die restlichen Semmelbrösel darüberstreuen. Die Kartoffeln im vorgeheizten Backofen (220°, Gas Stufe 4) in 25 Minuten goldbraun überbakken. Sofort in der Form servieren.
Zu Lammkoteletts, Schweine- oder Kalbsschnitzel oder gebratenem Fischfilet reichen.
Variation: Man kann auch noch zwischen und über die Kartoffeln geriebenen Käse streuen.

Gebackene Kartoffeln

4 Portionen à ca. 1675 kJ (400 kcal)

1000 g mehlig festkochende Kartoffeln, 40 g Butter, 1/8 l kräftige Fleischbrühe, schwarzer Pfeffer aus der Mühle, 1 Becher süße Sahne (200 g), 1/2 Bund Schnittlauch.

Kartoffeln waschen, schälen und in dünne Scheiben schneiden. Eine feuerfeste Form mit Butter ausstreichen und die Kartoffeln dachziegelartig hineinschichten. Dabei jede Lage mit etwas Fleischbrühe begießen und mit Pfeffer übermahlen.
Die Form mit Folie abdecken und in den vorgeheizten Backofen (250°, Gas Stufe 6) schieben. Nach 20 Minuten Folie entfernen. Die Kartoffeln mit Sahne übergießen und noch 15 Minuten überbacken.
Den gewaschenen und trockengeschwenkten Schnittlauch in Röllchen schneiden. Die Kartoffeln in der Form, mit Schnittlauch bestreut, servieren.
Dazu frischen Salat in Kräutermarinade und eventuell kurzgebratenes Fleisch reichen.
Variation: Es schmeckt sehr gut, wenn man noch eine Mischung von 2 Eßl. Semmelbrösel und 2 Eßl. geriebenem Käse über die Kartoffeln streut und goldbraun werden läßt.

Kartoffelpfanne mit Pilzen

4 Portionen à ca. 2510 kJ (600 kcal)

750 g festkochende Kartoffeln, 250 g Schinkenspeck, 250 g Pfifferlinge aus der Dose, 40 g Schweineschmalz, Salz, schwarzer Pfeffer aus der Mühle, 1 Teel. Kümmel, 2 Eßl. gehackte Petersilie, 1 Bund Schnittlauch.

Die gewaschenen Kartoffeln als Pellkartoffeln kochen, abgießen, abschrecken und pellen. Etwas abkühlen lassen, dann in etwa 3 mm dicke Scheiben schneiden.
Den Schinkenspeck nicht zu fein würfeln. Mit dem Schweineschmalz zusammen in einer großen Pfanne auslassen. Die abgetropften Pfifferlinge darin 2 Minuten anbraten und wieder herausnehmen.
Dann die Kartoffelscheiben in die Pfanne geben und salzen. Unter häufigem Wenden knusprig braun braten. Jetzt erst mit Pfeffer und Kümmel abschmecken. Mit den Pfifferlingen und der Petersilie mischen und noch etwa 1 Minute braten. Mit Schnittlauch bestreut in der Pfanne servieren.
Dazu Spiegeleier oder kalten Braten und grünen Salat in einer Essig-Öl-Marinade reichen.

Einfache Rösti

4 Portionen à ca. 1130 kJ (270 kcal)*

750 g festkochende Kartoffeln, Salzwasser, 75 g Butter, Salz.

Gewaschene Kartoffeln in dem kräftig gewürzten Salzwasser als Pellkartoffeln kochen, abgießen, abschrecken und pellen. In einer Schüssel zugedeckt mindestens über Nacht, besser noch 2 bis 3 Tage stehen lassen. Dann mit einer Löcherraffel in lange Streifen raspeln.
Die Butter in einer schweren Pfanne erhitzen. Die Kartoffeln dazugeben, salzen und mit dem Fett mischen, dann mit einem Pfannenwender zu einem festen Kuchen zusammendrücken. So lange braten, bis die Unterseite braun und knusprig ist. Wie einen Pfannkuchen in der Luft oder mit Hilfe eines Topfdeckels wenden und die zweite Seite ebenfalls goldbraun braten. Auf einer großen, vorgewärmten Platte anrichten und sofort servieren.
Zu geschnetzeltem Kalbfleisch, zu Kalbsragout oder Kalbsfrikassee, zu gebratenen Hühnerbrüstchen, Lammkoteletts oder Rinderfilet reichen.

Kartoffelpfanne
mit Pilzen

Rösti mit Käse

4 Portionen à ca. 1610 kJ (385 kcal)

1000 g mehlig festkochende Kartoffeln, 1 Eßl. Kümmel, 1 Zwiebel, 1 Knoblauchzehe, 50 g Griebenschmalz, Salz, weißer Pfeffer, 4 Scheiben Frühstücksspeck, 4 Scheiben Emmentaler Käse, 1 Eßl. Schnittlauchröllchen.

Schon am Vortag Kartoffeln waschen und mit dem Kümmel als Pellkartoffeln kochen, abgießen, abschrecken und pellen. Zugedeckt kühl stellen. Am nächsten Tag grob raffeln.
Die Zwiebel und die Knoblauchzehe schälen und fein hacken. Zusammen mit dem Griebenschmalz unter die Kartoffeln mischen. Mit Salz und Pfeffer abschmecken. Die Masse in eine große, schwere Pfanne drücken und bei nicht zu starker Hitze langsam hellgelb braten. Dann wenden und auch die zweite Seite braten. Rösti auf einen feuerfesten Teller gleiten lassen und mit Speck und Käsescheiben belegen. Den Teller in den vorgeheizten Backofen (240°, Gas Stufe 5) schieben und die Rösti etwa 10 Minuten überbacken, bis der Speck leicht knusprig und der Käse zerlaufen ist.
Vor dem Servieren mit den Schnittlauchröllchen bestreuen.
Dazu kurzgebratenes, mageres Fleisch und grünen Salat in Joghurt-Sahne-Marinade reichen.

Tomaten-Kartoffel-Auflauf

6 Portionen à ca. 3285 kJ (785 kcal)

1200 g festkochende Kartoffeln, 750 g Rinderhack, 6 Eßl. Olivenöl, 250 g Zwiebeln, 4 Knoblauchzehen, 1000 g schnittfeste Tomaten, Salz, schwarzer Pfeffer aus der Mühle, 1 Teel. getrocknete, zerriebene Minze, 75 g geriebener Parmesankäse, 25 g kühle Butter.

Die gewaschenen Kartoffeln 20 Minuten als Pellkartoffeln kochen.
In der Zwischenzeit das Rinderhack portionsweise in 4 Eßlöffel heißem Olivenöl braten, bis es krümelig geworden ist. Dann beiseite stellen.
Zwiebeln und Knoblauchzehen schälen und hacken, in dem restlichen Öl goldgelb braten. Die Tomaten waschen, achteln und von den grünen Stengelansätzen befreien.
Die Kartoffeln abgießen, abschrecken, pellen und in etwa 3 mm dicke Scheiben schneiden. In eine feuerfeste Form zuerst eine Lage Tomaten geben, dann Kartoffeln, Fleisch und Zwiebeln darüberschichten, jede Schicht mit Salz und Pfeffer, die Tomaten zusätzlich mit Minze würzen.
Die letzte Schicht sollten Kartoffeln sein. Mit Parmesan bestreuen und mit Butterflöckchen belegen. Die Form in den vorgeheizten Backofen (220°, Gas Stufe 4) schieben und den Auflauf in 25 Minuten garen. In der Form servieren.
Dazu Endiviensalat mit Nüssen und Schafskäse oder Feldsalat reichen.

Knoblauchkartoffeln

4 Portionen à ca.
2615 kJ (625 kcal)

**1000 g mehlig festkochende Kartoffeln,
4 Knoblauchzehen,
Salz,
1 Bund Petersilie,
1 Bund Schnittlauch,
50 g Butter,
150 g geriebener Emmentaler Käse,
frisch gemahlener schwarzer Pfeffer,
¼ l Sahne.**

Kartoffeln waschen, schälen und in dünne Scheiben schneiden. In sauberem Küchentuch etwas ausdrücken.
Die Knoblauchzehen schälen und mit Salz zerdrücken. Petersilie und Schnittlauch abspülen, trockenschwenken und fein hacken bzw. schneiden. Mit dem Knoblauch mischen.
Eine feuerfeste Form mit etwas Butter einfetten und die Kartoffeln lagenweise dachziegelartig einschichten. Jede Schicht mit etwas Pfeffer, der Kräutermischung und etwas Käse bestreuen, die letzte Schicht jedoch nur mit Käse. Die Sahne darübergießen und die restliche Butter in Flöckchen darüber verteilen. Die Form in den vorgeheizten Backofen (220°, Gas Stufe 4) schieben und die Kartoffeln in 45 Minuten garen. In der Form servieren.
Dazu Lammkoteletts oder Lammbraten, gegrillte Rippchen oder Schweinekoteletts reichen.

Soufflé mit Kartoffeln

4 Portionen à ca.
1965 kJ (470 kcal)

**600 g mehlige Kartoffeln,
⅛ l Milch,
⅛ l süße Sahne,
4 Eigelb,
75 g geriebener Emmentaler Käse,
75 g geriebener Parmesankäse,
Salz,
geriebene Muskatnuß,
4 Eiweiß,
Butter oder Margarine zum Einfetten.**

Gewaschene Kartoffeln als Pellkartoffeln kochen, abgießen, abschrecken, pellen und sofort durch die Kartoffelpresse drücken. Milch und Sahne bis kurz vorm Kochen erhitzen und in die Kartoffeln rühren. Dann die Eigelb und beide Käsesorten unterrühren. Die Masse mit Salz und geriebener Muskatnuß pikant abschmecken.
Eiweiß mit etwas Salz zu steifem Schnee schlagen. Die eine Hälfte kräftig mit dem Schneebesen unter die Kartoffelmasse ziehen. Die zweite Hälfte mit einem Kochlöffel locker unterheben.
Eine große feuerfeste Form einfetten und die Kartoffelmasse etwa bis zum obersten Drittel einfüllen. Die Form in den vorgeheizten Backofen (200°, Gas Stufe 3) stellen und das Soufflé 40 bis 45 Minuten backen. Dann sofort servieren, da es schnell zusammenfällt.
Dazu Endivien-, Chicorée- oder Radicchio-Salat in Kräutermarinade servieren. Wenn das Essen üppiger sein soll, kann man noch Kalbssteaks oder Lammkoteletts dazu reichen. Die Menge ist dann für 6 Personen ausreichend.

Hasselbackpotatis

(Schwedische Fächerkartoffeln)

4 Portionen à ca. 1110 kJ (265 kcal)

12 möglichst gleichgroße, mehlig festkochende Kartoffeln (ca. 600 g), 50 g Butter, 1 Teel. grobes Salz (am besten Meersalz), 1–2 Eßl. Semmelbrösel, 30 g geriebener Parmesankäse.

Die gewaschenen Kartoffeln schälen. Dann die Kartoffeln fächerförmig einschneiden. Am besten legt man sie dazu einzeln auf einen Eßlöffel und schneidet jeweils bis zum Löffelrand (siehe Foto).
Die Butter schmelzen und die Kartoffeln damit leicht einpinseln. Nebeneinander in eine feuerfeste Form geben und mit Salz bestreuen. Im vorgeheizten Backofen (240°, Gas Stufe 5) 30 Min. garen. Dann mit Semmelbröseln bestreuen und mit der restlichen Butter beträufeln. 15 Minuten weiterbacken. 5 Minuten vor Ende der Garzeit den Käse über die Kartoffeln streuen. Kartoffeln in der Form servieren.
Die Hasselbackpotatis schmecken gut zu kurzgebratenem Fleisch oder kaltem Roastbeef.

Hambacher Wurstauflauf

6 Portionen à ca. 4225 kJ (1010 kcal)

400 g Zwiebeln, 40 g Schweineschmalz, 1500 g mehlig festkochende Kartoffeln, 500 g frische Leberwurst, 500 g frische Blutwurst, 1 Teel. getrockneter Basilikum, Salz oder Kräutersalzmischung.

Zwiebeln schälen und in Ringe schneiden. 30 g Schweineschmalz in einer Pfanne heiß werden lassen und die Zwiebelringe darin glasig braten.
In der Zwischenzeit die gewaschenen Kartoffeln schälen und in dünne Scheiben schneiden. Die Leber- und Blutwurst aus der Pelle lösen und längs halbieren.
Eine große feuerfeste Form mit dem restlichen Butterschmalz einfetten und ⅓ der Kartoffelscheiben hineingeben. Mit Salz bestreuen. Darauf die Leberwursthälften verteilen und mit Basilikum bestreuen. Darüber das zweite Drittel Kartoffelscheiben geben und auch wieder salzen. Darauf die Blutwürste legen, mit den Zwiebeln bedecken. Den Abschluß bilden die restlichen Kartoffelscheiben, die wieder leicht gesalzen werden. Die Form zugedeckt in den vorgeheizten Backofen (220°, Gas Stufe 4) stellen und das Gericht 60 Minuten garen. Dabei die Kartoffeln einige Male mit Wasser besprühen, damit die Oberseite nicht zu hart wird. In der Form servieren.
Dazu eventuell frisches Landbrot, einen kräftigen Weißwein oder auch ein kühles Bier reichen.

Hasselbackpotatis

Mussaka von Kartoffeln

4 Portionen à ca. 4835 kJ (1155 kcal)

2 Zwiebeln, 2 Knoblauchzehen, 2 Eßl. Olivenöl, 500 g Hackfleisch (am besten vom Lamm), 1 Eßl. Tomatenmark, 1 Lorbeerblatt, 1 kleines Stück Zimtstange, Salz, schwarzer Pfeffer aus der Mühle, geriebene Muskatnuß, 4 Eier, 40 g Butterschmalz, 40 g Mehl, 3/8 l Milch, 75 g geriebener Parmesankäse, 1250 g Kartoffeln, Öl zum Ausbacken, 20 g Butter.

Zwiebeln und Knoblauch schälen und hacken. In dem heißen Olivenöl glasig braten. Das Hackfleisch dazugeben und unter Rühren so lange anbraten, bis es krümelig geworden ist. Tomatenmark, Lorbeerblatt und Zimtstange dazugeben. Mit Salz, Pfeffer und Muskatnuß abschmecken. Im offenen Topf unter ständigem Rühren so lange dünsten, bis keine Flüssigkeit mehr vorhanden ist. Lorbeerblatt und Zimtstange entfernen. Rasch 2 Eier hineinrühren und die Masse beiseite stellen.

Das Butterschmalz in einem Topf erhitzen, Mehl hineinschütten und hell anschwitzen. Mit der Milch ablöschen und unter Rühren zu einer dicklichen Soße einkochen. Vom Herd nehmen, die restlichen Eier und 1 Eßlöffel Parmesankäse hineinrühren. Die Soße mit Salz, schwarzem Pfeffer und Muskatnuß abschmecken.

Die gewaschenen Kartoffeln schälen und in etwa 2 mm dicke Scheiben schneiden. In einem Küchentuch etwas ausdrücken. Dann lagenweise im heißen Öl, am besten Olivenöl, in einer großen Pfanne halbgar backen. Das dauert etwa 10 Minuten pro Portion.

In eine große feuerfeste Form zuerst eine Schicht Kartoffelscheiben geben, mit Salz, Pfeffer und Muskatnuß würzen und mit etwas Käse bestreuen. Darüber die Hackfleischmasse streichen und mit den restlichen Kartoffeln bedecken. Die Soße darüber verteilen, mit dem Rest Käse bestreuen und mit Butterflöckchen belegen. Im vorgeheizten Backofen (200°, Gas Stufe 4) etwa 30 Minuten backen. In der Form servieren.

Dazu frisches Stangenweißbrot und einen kräftigen roten Landwein reichen.

Tip *Man kann, wie es die Griechen tun, die Hälfte der Kartoffeln durch ebenfalls in Öl angebratene Auberginenscheiben ersetzen. Oder man nimmt halb Kartoffeln, halb Zucchini. Wem Parmesankäse zu pikant ist, ersetzt ihn durch Emmentaler Käse.*

Ofenkartoffeln

4 Portionen à ca. 2700 kJ (645 kcal)

4 mittelgroße, mehlig festkochende Kartoffeln, 250 g Schinkenspeck, Salz, 250 g Zwiebeln, 4 Knoblauchzehen, 1 Bund Petersilie, 1 Bund Kerbel, 1 Becher Crème fraîche (200 g), gerebelter Majoran.

Kartoffeln waschen und dabei gründlich abbürsten. Dann längs halbieren.
Von dem Speck die Schwarte abschneiden und eine feuerfeste Form mit der Fettseite einreiben. Die Kartoffeln mit der Schnittfläche nach oben hineingeben und mit Salz bestreuen. In den vorgeheizten Backofen (200°, Gas Stufe 3) schieben und 30 Minuten backen.
In der Zwischenzeit Zwiebeln und Knoblauchzehen schälen und hacken. Den Speck würfeln und in einer Pfanne auslassen. Zwiebeln und Knoblauch darin glasig braten. Petersilie und Kerbel waschen, trockenschwenken und hacken. Mit der Zwiebel-Speck-Mischung gründlich verrühren.
Die Kartoffeln aus dem Ofen nehmen und etwas aushöhlen. Die Zwiebel-Speck-Mischung in die Kartoffeln füllen und den Rest um die Kartoffeln verteilen. Auf jede Kartoffelhälfte einen dicken Klecks Crème fraîche geben. Wieder in den Backofen schieben und noch 10 Minuten weiterbacken. Mit Majoran bestreut in der Form servieren.
Dazu kräftigen Weißwein reichen.

Tip *Dieses Gericht schmeckt mit neuen Kartoffeln besonders gut. Man sollte aber darauf achten, daß sie gleich groß sind.*

Hessischer Dippedotz

4 Portionen à ca. 2825 kJ (675 kcal)

2 große Zwiebeln, 50 g Schweineschmalz, 1000 g mehlig kochende Kartoffeln, 2 säuerliche Äpfel, 250 g Blutwurst mit Speck, 3 Eier, Salz, schwarzer Pfeffer aus der Mühle.

Die Zwiebeln schälen, fein hacken und in etwas Schmalz goldgelb braten. Die gewaschenen Kartoffeln schälen und grob reiben. Die Äpfel ebenfalls schälen und reiben. Die Blutwurst ohne Pelle in Scheiben oder in Würfel schneiden. Alles gut mischen und die Eier hineinrühren. Mit Salz und Pfeffer kräftig abschmecken.
Eine feuerfeste Form mit dem restlichen Schweineschmalz einfetten, die Kartoffelmasse hineinfüllen und im vorgeheizten Backofen (200°, Gas Stufe 3) 90 Minuten backen. Dabei hin und wieder etwas Wasser angießen, damit die Masse nicht anbrennt.
Dazu Apfelmus oder Apfelkompott reichen.

Bäckeofe

6 Portionen à ca. 3430 kJ (820 kcal)

500 g Schweinekamm, 500 g schiere Hammelschulter, 500 g Rindfleisch aus der Nuß, 350 g Zwiebeln, 4 Knoblauchzehen, 4 Zweige Thymian, schwarzer Pfeffer aus der Mühle, 3 Lorbeerblätter, 1 Bund Petersilie, etwa ¼ l trockener Weißwein, 1000 g mehlig festkochende Kartoffeln.

Alle drei Fleischsorten in gleichmäßige Würfel schneiden. 2 Zwiebeln schälen und hacken, die Knoblauchzehen schälen und halbieren. Mit dem Fleisch in einer Schüssel mischen. Thymian, Pfeffer, Lorbeerblätter und die gewaschene, trockengeschwenkte Petersilie dazugeben. Soviel Wein angießen, daß das Fleisch eben bedeckt ist. Gut verschlossen 24 Stunden marinieren lassen.
Am nächsten Tag die gewaschenen Kartoffeln und die restlichen Zwiebeln schälen und in Scheiben schneiden. Einen feuerfesten Topf mit ⅓ der Kartoffeln auslegen, darauf die Hälfte der aus der Marinade genommenen Fleischstücke und die Hälfte der Zwiebelscheiben legen. Mit Salz und Pfeffer würzen. Dann wieder Kartoffeln, Fleisch und Zwiebeln. Den Abschluß bilden die restlichen Kartoffeln.
Die Marinade durch ein Sieb gießen und über das Gericht verteilen. Bäckeofe fest zumachen und im vorgeheizten Backofen (200°, Gas Stufe 3) gut 2 Stunden schmoren lassen. Wer mag, kann den Topf zusätzlich mit einem einfachen Teig aus Mehl und Wasser verschließen. In der Form servieren.
Dazu den Wein reichen, der für die Zubereitung verwendet wurde.

Kräutertopf mit Käse

4 Portionen à ca. 3180 kJ (760 kcal)

1000 g mehlig festkochende Kartoffeln, Salz, 1 Eßl. Kümmel, 750 g runde Karotten, 1 Eßl. Zucker, 1 Bund Petersilie, 1 Bund Kerbel, 1 Bund Schnittlauch, 200 g Roquefort, 100 g Butter, 100 g Crème fraîche, ¼ l Fleischbrühe.

Die gewaschenen Kartoffeln mit Salz und Kümmel als Pellkartoffeln kochen. Die Karotten schaben und mit wenig Salzwasser und Zucker in 20 Minuten garen.
In der Zwischenzeit die Kräuter abspülen und trockenschwenken. Petersilie und Kerbel hacken, Schnittlauch in Röllchen schneiden. Roquefort mit einer Gabel zerdrücken, mit der weichen Butter und Crème fraîche verrühren, mit den Kräutern gut vermischen.
Die Kartoffeln abgießen, abschrecken und pellen. Dann quer halbieren. Die Karotten ebenfalls abgießen. Kartoffeln mit der Schnittfläche nach oben in eine feuerfeste Form setzen und die Karotten in die Zwischenräume verteilen. Mit der Käse-Kräuter-Creme bestreichen und mit Fleischbrühe umgießen. Die Form in den vorgeheizten Backofen (250°, Gas Stufe 6) stellen und das Gericht 15 Minuten gratinieren. In der Form servieren.
Dazu gemischten Salat der Saison mit einer Joghurtmarinade reichen.

Bäckeofe

Janssons Versuchung

(Schwedisches Kartoffel-Gratin)

4 Portionen à ca. 3495 kJ (835 kcal)

4 Zwiebeln, 50 g Butter, 2 Eßl. Öl, 500 g Kartoffeln, 8 Matjesfilets, weißer Pfeffer aus der Mühle, 1/8 l Sahne, 1/8 l Milch, 5 Eßl. Semmelbrösel.

Geschälte Zwiebeln in Ringe schneiden und in 20 g Butter und dem Öl glasig braten.
Die gewaschenen Kartoffeln schälen und in dünne Scheiben schneiden. Die Matjesfilets gründlich unter lauwarmem Wasser abspülen, trockentupfen und wenn nötig von Gräten befreien. Die Filets dann schräg in je 4 Stücke teilen.
Eine feuerfeste Form mit der restlichen Butter einfetten und eine Lage Kartoffeln hineingeben. Darüber eine Schicht Matjesstücke. Mit Pfeffer übermahlen. Dann wieder Kartoffeln und Matjes. Den Abschluß soll eine Lage Kartoffeln bilden.
Milch und Sahne erhitzen. Die Semmelbrösel über die Kartoffeln streuen und mit der Milch-Sahne-Mischung begießen. Die Form in den vorgeheizten Backofen (200°, Gas Stufe 3) schieben und 45 Minuten überbacken. In der Form servieren.
Keine Beilagen dazu reichen, aber einen eiskalten Aquavit und ein kühles Bier.

Käsekartoffeln

4 Portionen à ca. 3785 kJ (905 kcal)

1000 g mehlig festkochende Kartoffeln, 250 g Lauch, 300 g Schinkenspeck, 1/2 l Fleischbrühe, schwarzer Pfeffer aus der Mühle, 1 Becher dicke saure Sahne oder Crème fraîche (200 g), 2 Eier, 150 g geriebener Emmentaler Käse, 1 Teel. Paprika edelsüß, 1 Prise geriebene Muskatnuß.

Kartoffeln waschen, schälen und in etwa 2 mm dicke Scheiben schneiden.
Den Lauch putzen und in dünne Ringe schneiden. Den Speck würfeln. Alles abwechselnd in eine feuerfeste Form schichten. Mit der kochenden Fleischbrühe begießen und kräftig mit Pfeffer übermahlen. Die Form mit Alufolie abdecken und in den vorgeheizten Backofen (220°, Gas Stufe 4) stellen. Die Kartoffeln 20 Minuten backen.
Saure Sahne oder Crème fraîche mit Eiern, Käse, Paprika und Muskatnuß verquirlen. Über die Kartoffeln gießen und ohne die Folie noch weitere 15 Min. überbacken. In der Form servieren.
Dazu einen grünen Salat in Sahnemarinade mit Kräutern reichen.

Tip *Wer es pikanter liebt, ersetzt einen Teil Emmentaler Käse durch geriebenen Parmesan- oder auch Kräuterhartkäse.*

Kartoffeln im Speckmantel

4 Portionen à ca. 3850 kJ (920 kcal)

8 gleichgroße Kartoffeln à ca. 125 g, 4 Scheiben gekochter Schinken von je 50 g, 4 Scheiben Emmentaler Käse von je 50 g, 16 dünne Scheiben durchwachsener Speck (ca. 200 g), 50 g Kräuterbutter.

Die gewaschenen Kartoffeln als Pellkartoffeln kochen, abgießen, abschrecken, pellen und halbieren. Etwas abkühlen lassen. Die Schinken- und die Käsescheiben halbieren.
Die Kartoffeln an den Schnittflächen mit etwas Kräuterbutter bestreichen, dann jeweils 1/2 Schinken- und Käsescheibe auf eine Kartoffelhälfte legen.
Die zweite Kartoffelhälfte daraufsetzen und die Kartoffeln mit je 2 Speckscheiben umwickeln. Mit Holzstäbchen oder Rouladenspießen feststecken.
Die Kartoffeln auf dem Bratrost in den vorgeheizten Backofen (240°, Gas Stufe 5) schieben und etwa 15 Minuten braten, bis der Speck knusprig ist und der Käse zerläuft.
Die Spieße entfernen und die Kartoffeln rasch servieren.
Dazu grünen Salat in Sahnemarinade reichen.

Tip *Die Kartoffeln lassen sich – in Alufolie gewickelt – auch gut in der Glut eines Holzkohlengrills garen. Dann brauchen sie zuvor nur halbgar gekocht werden.*

Kartoffel-Gratin ‚Burgunder Art'

4 Portionen à ca. 2805 kJ (670 kcal)

1000 g Kartoffeln, 3/4 l Milch, Salz, schwarzer Pfeffer, geriebene Muskatnuß, 20 g Butter, 2 Knoblauchzehen, 150 g geriebener Greyerzer Käse, 1/4 l Sahne.

Die gewaschenen Kartoffeln schälen und in dünne Scheiben schneiden. Milch mit Salz, Pfeffer, Muskat pikant würzen, dann zusammen mit 10 g Butter zum Kochen bringen. Die Kartoffelscheiben hineingeben und bei milder Hitze köcheln lassen. Nach etwa 20 Minuten sind die Kartoffeln gar.
Eine Auflaufform mit der restlichen Butter einfetten. Die geschälten, durch die Presse gedrückten Knoblauchzehen mit Käse und Sahne vermischen.
Die Kartoffeln mit einer Schaumkelle lagenweise in die Auflaufform füllen. Jede Schicht mit etwas Käse-Sahne-Mischung bestreichen. Den Abschluß bildet eine dicke Schicht Käse-Sahne. Das Gratin im vorgeheizten Backofen (200°, Gas Stufe 3) etwa 15 Minuten überbacken, bis die Oberfläche goldbraun ist. In der Form servieren.
Dazu frischen Salat der Saison reichen. Als Getränk paßt ein weißer Burgunder.
Bei einem mehrgängigen Menü kann man dieses Gratin als Zwischengericht servieren oder als Beilage zu allen kurzgebratenen Fleischsorten oder gebratenem Fisch.

Neuenburger Kartoffeln

6 Portionen à ca. 2345 kJ (560 kcal)

6 gleichmäßig große Kartoffeln von je etwa 250 g, Salz, 500 g frische Champignons, 2 Zwiebeln, 2 Eßl. Butter, 200 g roher Schinken ohne Fettrand, schwarzer Pfeffer aus der Mühle, ½ l Sahne, 1 Bund Kerbel oder Petersilie.

Kartoffeln (am besten geeignet sind dünnschalige, neue) gründlich abbürsten und in Salzwasser 35 Minuten als Pellkartoffeln kochen.
Oben einen Deckel abschneiden, das Innere mit einem Löffel herausheben und fein würfeln.
Die Champignons putzen und blättrig schneiden.
Die geschälten Zwiebeln hacken und in der heißen Butter glasig braten. Dann die Champignons und den gewürfelten Schinken dazugeben und kurz durchschwenken. Mit Salz und Pfeffer würzen.
¼ l Sahne angießen und bei starker Hitze um die Hälfte reduzieren. Mit der Kartoffelmasse und dem gewaschenen, trockengeschwenkten und gehackten Kerbel oder der Petersilie mischen. In die Kartoffeln füllen und diese in eine feuerfeste Form setzen. Mit der restlichen Sahne umgießen und im vorgeheizten Backofen (225°, Gas Stufe 4) 20 Minuten überbacken.
Dazu beliebigen Salat in leichter Joghurtmarinade reichen.

Bayerische Maultaschen

4 Portionen à ca. 2805 kJ (670 kcal)

1000 g mehlig kochende Kartoffeln, 125 g Weizenmehl, 1 kräftige Prise Salz, Mehl zum Ausrollen, 100 g Butter, 750 g mürbe Äpfel, 1 Becher dicke saure Sahne oder Crème fraîche (200 g), ⅛ l heiße Milch, 1 Eßl. Zucker, 1 Eßl. Vanillezucker.

Die gewaschenen Kartoffeln als Pellkartoffeln kochen, abgießen, abschrecken, rasch pellen und durch die Kartoffelpresse drücken. Etwas abkühlen lassen, dann mit Mehl und Salz bestreuen und zwischen den Handflächen bröselig reiben. Anschließend kurz durchkneten und zu einer Rolle von etwa 8 cm Durchmesser formen. In ca. 3 cm dicke Scheiben schneiden und jede Scheibe auf der bemehlten Arbeitsfläche etwa tellergroß ausrollen. Die Butter schmelzen lassen. Die Teigplatten damit bestreichen.
Die Äpfel vierteln, schälen, entkernen und in dünne Scheiben schneiden. Teigplatten damit belegen und mit saurer Sahne bestreichen.
Eine große feuerfeste Form mit Butter einfetten, die aufgerollten Teigscheiben hineinlegen und mit der restlichen Butter begießen. Im vorgeheizten Backofen (200°, Gas Stufe 3) 40 Minuten backen. Sobald die Rollen leicht zu bräunen beginnen, die heiße Milch angießen, mit Zucker und Vanillezucker bestreuen. In der Form auftragen.
Nach einer Suppe als Hauptgericht reichen.

Bayerische
Maultaschen

Mit Kartoffeln schlemmen

Kartoffeln als Schlemmergericht? Kartoffelgerichte für Feinschmecker? Auf den ersten Blick eine etwas ungewöhnliche Vorstellung. Aber es stimmt: Mit fantasievollen Zusammenstellungen oder erprobten Rezepten der Landschaftsküchen kann man seine Lieben, nette Gäste und sich selber verwöhnen und begeistern.
Die Kartoffel ist so vielseitig, daß sie selbst noch als süßer Leckerbissen begehrt ist. Sie ist so preiswert, daß man zu einer Kartoffelparty dreimal soviel Gäste einladen kann wie sonst, ohne gleich das Budget übermäßig belasten zu müssen.
Wer ganz üppig schlemmen möchte, lädt ein zu Kartoffeln mit Kaviar, wer's deftiger liebt, zu Kartoffel-Pizza oder Raclette oder – ganz schlicht, aber effektvoll – zum Kartoffel-Fondue oder zu Pellkartoffeln mit Quark und Dips.
Wir haben in diesem Kapitel für alle etwas: Für Leckermäulchen zum Beispiel Kartoffelkonfekt, für die Anhänger der pikanten Küche gefüllte Kartoffeln und für die, die's deftig lieben, Kartoffelkuchen.

Fleisch-Kartoffel-Rolle

4 Portionen à ca. 3200 kJ (765 kcal)

750 g festkochende Kartoffeln,
Salz,
1 Teel. Kümmel,
1 Teel. schwarze Pfefferkörner,
3 Zwiebeln,
1 Knoblauchzehe,
150 g Champignons aus der Dose,
30 g Butterschmalz,
1 Eßl. Olivenöl,
375 g Rinderhack,
1 Eßl. Paprika edelsüß,
1 Bund Petersilie,
50 g Butter,
3 Eigelb,
100 g Semmelbrösel,
weißer Pfeffer,
geriebene Muskatnuß,
Mehl zum Ausrollen,
1 Bund Schnittlauch.

Die gewaschenen Kartoffeln als Pellkartoffeln kochen, dabei reichlich Salz, Kümmel und Pfefferkörner ins Kochwasser geben.
Nebenher die Zwiebeln und die Knoblauchzehe schälen und fein hacken. Die Champignons abtropfen lassen und ebenfalls hacken.
Butterschmalz und Olivenöl in einer Pfanne erhitzen. Zwiebeln, Knoblauch und Champignons darin braten, bis keine Flüssigkeit mehr vorhanden ist. Zur Seite schieben und das Rinderhack portionsweise braten, bis es jeweils etwas Farbe genommen hat. Dann den Paprika unterrühren. Die Pfanne vom Herd nehmen. Die abgespülte, trockengeschwenkte und gehackte Petersilie untermischen. Die Mischung mit Salz abschmecken.
Kartoffeln abgießen, abschrecken, pellen und abkühlen lassen. Dann erst durch die Kartoffelpresse drücken. Mit 30 g Butter, 2 Eigelb und 75 g Semmelbrösel vermischen. Mit Salz, Pfeffer und Muskatnuß abschmecken.
Die restlichen Semmelbrösel auf ein großes Stück Pergamentpapier streuen und die Kartoffelmasse darauf streichen. Mit einem bemehlten Nudelholz gut fingerdick ausrollen und die Fleischmasse darüber verteilen. Dabei jedoch einen Rand von mindestens 2 cm stehen lassen.
Den Schnittlauch abspülen, trockenschwenken und in Ringe schneiden. Auf die Fleischmasse streuen. Alles mit Hilfe des Pergamentpapiers zu einer Rolle formen.
Ein Backblech mit Backpapier auslegen und die Rolle vorsichtig darauf gleiten lassen. Die restliche Butter schmelzen und die Rolle damit einpinseln, dann mit dem restlichen, verquirlten Eigelb bestreichen. Im vorgeheizten Backofen (200°, Gas Stufe 3) 45 Minuten backen. Mit Hilfe des Backpapiers auf eine vorgewärmte Platte gleiten lassen und heiß servieren.
Dazu eine Soße aus Crème fraîche und vielen frischen Kräutern und Salate der Saison in einer Essig-Öl-Marinade reichen. Als Getränke passen sowohl Bier als auch trockener Weißwein.

Tip *Wenn's schnell gehen soll, statt Rinderhack Bratwurstbrät verwenden. Es braucht weder angebraten, noch zusätzlich gewürzt zu werden.*

Kartoffel-Fondue
(Rezept nächste Seite)

Kartoffel-Fondue

8 Portionen à ca. 2030 kJ (485 kcal)

2000 g kleine, neue Kartoffeln, 200 g durchwachsener Speck, 4 Zwiebeln, 2 Knoblauchzehen, 4 Sardellenfilets, 150 g Butter, 1 Teel. getrockneter Basilikum.

(Foto Seite 114/115)

Kartoffeln gründlich unter fließendem Wasser abbürsten, dann mit der Schale kochen.
In der Zwischenzeit den Speck ganz fein würfeln und in einer Pfanne langsam auslassen. Zwiebeln und Knoblauchzehen schälen, ganz fein hacken und in dem Speckfett goldgelb braten. Die Sardellenfilets unter fließendem Wasser gründlich abspülen, trockentupfen, hacken und zu den Zwiebeln geben. Die Butter in dem Speckfett schmelzen, aber nicht bräunen lassen. Diese Mischung in den Fondue-Topf geben und auf dem Rechaud über mäßiger Flamme warmhalten.
Kartoffeln abgießen und ausdämpfen lassen. In einer Schüssel anrichten und auftragen. Jeder nimmt sich einige Kartoffeln, spießt sie einzeln auf die Fonduegabel und brät sie in dem Fett. Größere Kartoffeln sollte man halbieren oder vierteln.
Dazu mit Kräutern und Sahne angemachten Quark, Mixed Pickles, saure Gurken, Perlzwiebeln und kühles Bier reichen. Zum Abschluß gibt's einen eiskalten Schnaps.

Gebackene Käsekartoffeln

4 Portionen à ca. 2720 kJ (650 kcal)

8 gleichgroße, neue Kartoffeln von je ca. 125 g, 200 g Doppelrahmfrischkäse mit Kräutern (z. B. Boursin oder Tartare), 100 g Crème fraîche, 4 Eigelb, 100 g geriebener Emmentaler Käse, 125 g Lachsschinken, 1 Bund Schnittlauch, Salz, schwarzer Pfeffer aus der Mühle.

Die Kartoffeln gründlich unter fließendem Wasser abbürsten, abtrocknen und auf einem Blech in den vorgeheizten Backofen (250°, Gas Stufe 6) schieben. In 40 Minuten garen.
In der Zwischenzeit den Käse mit Crème fraîche, Eigelb, 50 g Emmentaler Käse und dem fein gewürfelten Lachsschinken verrühren.
Die Kartoffeln aus dem Ofen nehmen, etwas abkühlen lassen, dann längs halbieren. Das Innere, die Pulpe, vorsichtig mit einem Löffel herauslösen, dabei etwa 1 cm stehen lassen. Die Pulpe mit einer Gabel fein zerdrücken und mit der Käsemasse mischen.
Den Schnittlauch abspülen, trockenschwenken und in Röllchen schneiden. Ebenfalls untermischen. Die Mischung mit Salz und Pfeffer abschmecken und in die Kartoffelhälften füllen. Die Kartoffeln in eine große feuerfeste Form setzen und bei gleicher Temperatur in dem Backofen 15 Minuten überbacken. Sofort in der Form servieren.
Dazu grünen Salat in einer Sahnemarinade und kühles Bier oder trockenen Weißwein reichen.

Roh gebackene Kartoffeln

4 Portionen à ca. 2720 kJ (650 kcal)

**8 gleichgroße, mehlig festkochende Kartoffeln von je ca. 125 g,
2 kleine Zwiebeln,
1 Knoblauchzehe,
300 g Beefsteakhack (Tatar),
1 Eßl. gehackte Petersilie,
1 Eßl. gehacktes Basilikum,
1 Eßl. gehackter Kerbel,
6 Eßl. Crème fraîche,
2 Eigelb,
Salz,
weißer Pfeffer,
1/4 l kräftige Fleischbrühe,
1/8 l trockener Weißwein,
Butter oder Margarine zum Einfetten,
2 Eiweiß,
125 g geriebener Emmentaler Käse,
1 Prise geriebene Muskatnuß,
1/8 l Sahne,
2 Teel. Tomatenmark,
1 Prise Zucker,
einige Tropfen Zitronensaft.**

Gewaschene Kartoffeln schälen. Dann oben einen Deckel abschneiden und die Kartoffeln bis auf 2 cm Dicke aushöhlen.
Die Deckel und das Kartoffelinnere fein hacken. Die Zwiebeln und die Knoblauchzehe schälen und ebenfalls hacken. Mit den gehackten Kartoffeln unter das Beefsteakhack mischen. Petersilie, Basilikum, Kerbel, Crème fraîche und die Eigelb ebenfalls untermischen. Mit Salz und Pfeffer abschmecken.
Fleischbrühe und Weißwein in eine feuerfeste Form gießen. Die Kartoffeln unten etwas flach schneiden und hineinsetzen. Mit der Kartoffel-Fleisch-Mischung bergartig füllen. Die geschlossene Form evtl. mit Alufolie abdecken, in den vorgeheizten Backofen (240°, Gas Stufe 5) stellen, die Kartoffeln in 40 Min. garen. Aus der Form nehmen und die Garflüssigkeit abgießen. Die Form mit Butter oder Margarine einfetten. Kartoffeln wieder hineinsetzen.
Eiweiß sehr steif schlagen und mit dem Käse vermengen. Mit Salz und einer Prise Muskatnuß abschmecken und die Kartoffeln damit bestreichen. Wieder in den Backofen schieben und 15 Min. überbacken.
In der Zwischenzeit die Garflüssigkeit mit der Sahne und dem Tomatenmark verrühren und bei starker Hitze unter Rühren auf die Hälfte einkochen lassen. Mit Zucker und Zitronensaft abschmecken. Die Kartoffeln in der Form servieren, die Soße getrennt reichen.
Dazu schmeckt der Weißwein, der auch zum Kochen verwendet wurde.

Tip *Machen Sie dieses Kartoffelgericht zum Mittelpunkt eines echten Kartoffelmenüs. Als Vorspeise servieren Sie Crème Vichyssoise (siehe Seite 22) und als Dessert Schweizer Kartoffeltorte (siehe Seite 130).*

Kartoffelspieße vom Grill

6 Portionen à ca. 900 kJ (215 kcal)*

800 g kleine, neue Kartoffeln,
500 g kleine Zwiebeln,
50 g Butter,
2 Eßl. dünnflüssiger Bienenhonig,
½ Teel. Worcestersauce,
1 Teel. Zitronensaft,
1 Teel. Sojasauce,
etwas Salz.

Die gewaschenen Kartoffeln 15 Minuten als Pellkartoffeln kochen. Abgießen, abschrecken und pellen. Abwechselnd mit den geschälten Zwiebeln auf kleine Holzspießchen stecken. Auf den Holzkohlengrill oder unter den vorgeheizten Elektrogrill legen.
Aus flüssiger Butter, dem Bienenhonig und den übrigen Zutaten eine Soße rühren. Die Spießchen während des Grillens immer wieder damit bestreichen. Nach etwa 20 Minuten sind sie gar.

Die Spießchen schmecken besonders gut mit Bündner Fleisch, gegrilltem Frühstücksspeck oder gegrillten Spareribes. Zusätzlich noch kleine Pfeffergürkchen reichen.

Tip *Man kann auf die Spieße zusätzlich noch durchwachsenen Speck und Fleisch- oder Fischwürfel stecken. Dann gibt es dazu nur grünen Salat.*

Badischer Kartoffelbraten

6 Portionen à ca. 2575 kJ (615 kcal)

1000 g Schinkenbraten vom Schwein,
Salz,
weißer Pfeffer,
gemahlener Kümmel,
Paprika edelsüß,
30 g weiches Kokosfett oder Butterschmalz,
⅛ l heiße Fleischbrühe,
⅛ l trockener Weißwein,
750 g kleine, gleichmäßige Kartoffeln,
250 g Schalotten,
einige Stengel frischer Majoran,
1 Eßl. gehackte Petersilie.

Schinkenbraten mit Schwarte kaufen und diese vom Fleischer rautenförmig einschneiden lassen. Mit Salz, Pfeffer, Kümmel und Paprika einreiben, dann in einem Bräter in dem heißen Kokosfett oder Butterschmalz rundherum braun anbraten. Zum Schluß die Schwartenseite nach oben legen. Fleischbrühe und Wein angießen. Den Bräter in den vorgeheizten Backofen (220°, Gas Stufe 4) stellen und den Braten 40 Minuten garen.
In der Zwischenzeit die gewaschenen Kartoffeln schälen, nur große halbieren. Die Schalotten ebenfalls schälen. Beides zu dem Fleisch geben und wenn nötig noch etwas Wasser angießen. Die Flüssigkeit sollte stets etwa 2 cm hoch in dem Bräter stehen. Noch weitere 45 Minuten braten, dabei das Fleisch hin und wieder mit Flüssigkeit begießen.
Das Fleisch herausnehmen, 5 Minuten ruhen lassen, dann in Scheiben schneiden und auf einer vorgewärmten Platte anrichten. Mit Kartoffeln und Zwiebeln umlegen.
Dazu Salate der Saison reichen, als Getränke entweder den Wein, mit dem gekocht wurde, oder ein kühles Bier.

Kartoffelspieß
vom Grill

Kartoffelkuchen mit Käse

6 Portionen à ca. 1925 kJ (460 kcal)

1000 g mehlig festkochende Kartoffeln,
125 g geriebener alter Gouda oder Emmentaler Käse,
2 Eier,
Salz,
Margarine zum Einfetten,
1000 g schnittfeste Tomaten,
4 Schalotten,
1 Teel. getrockneter Majoran oder Oregano,
8 Sardellenfilets,
12 schwarze Oliven,
12 mit Pimientos gefüllte grüne Oliven,
200 g weißer Schafskäse,
1 Teel. gerebelter Thymian,
2 Eßl. bestes Olivenöl.

Die gewaschenen Kartoffeln schälen und als Salzkartoffeln kochen. Abgießen, ausdämpfen lassen und durch die Kartoffelpresse drücken. Mit dem geriebenen Käse, den Eiern und etwas Salz verkneten. Eine Springform von 26 cm Durchmesser sehr reichlich mit Margarine einfetten und den Teig hineindrücken, dabei einen Rand von 2 cm Höhe hochdrücken.
Die gewaschenen, abgetrockneten Tomaten von den Stengelansätzen befreien und quer in Scheiben schneiden, auf dem Teig verteilen. Die Schalotten schälen, fein hacken und über die Tomaten streuen, ebenso Majoran oder Oregano. Die Sardellenfilets unter fließendem Wasser gründlich abspülen, abtropfen lassen und halbieren. Im Rhombenmuster über die Tomaten legen. Die schwarzen Oliven halbieren, entkernen und vierteln, die grünen halbieren. Den Schafskäse in etwa 2 cm große Würfel schneiden. Alles auf den Kuchen geben. Mit gerebeltem Thymian bestreuen.
Den Kuchen im vorgeheizten Backofen (200°, Gas Stufe 3) 25 Minuten backen. 5 Minuten in der Form ruhen lassen, dann erst aus der Form lösen und in Viertel schneiden. Sofort servieren.
Dazu gemischten Salat der Saison in einer Kräutermarinade reichen. Das passende Getränk ist ein leichter, aber herber Rotwein oder ein kühler, trockener Rosé.

Tip *Wer häufig überraschend Gäste bekommt, sollte sich mit den Grundzutaten für diesen Kuchen „wappnen". Sowohl geriebenen Käse als auch Schafskäse gibt es vakuumverpackt, und beide lassen sich dadurch recht lange lagern. Kartoffeln hat man ohnehin meist im Haus, Sardellenfilets und Oliven gibt's in Gläsern.*
Will man jedoch seine Gäste besonders verwöhnen, verwendet man bei diesem Kuchen statt Schafskäse italienischen Mozarella.

Dip-Party mit Kartoffeln

8 Portionen à ca.
2715 kJ (650 kcal)

2000 g möglichst gleich große Kartoffeln (mehlig festkochend),
1 Eßl. Salz,
1 Eßl. Kümmel,
1 Eßl. Fenchelsamen,
1 Eßl. Dillsamen,
schwarzer Pfeffer.

Für Dip 1:
4 hartgekochte Eier,
2 Gewürzgurken,
1 Eßl. grüne Pfefferkörner,
1 Eßl. Kapern,
2 Schalotten,
1 Eßl. Schnittlauchröllchen,
1 Eßl. gehackte Petersilie,
6 Eßl. Crème fraîche,
4 Eßl. Mayonnaise.

Für Dip 2:
200 g Sahnequark,
6 Eßl. Sahne,
4 Eßl. Crème fraîche,
1 Bund Radieschen,
1 grüne und
1 rote Paprikaschote,
1 Zwiebel,
1/2 Bund Kerbel.

Für Dip 3:
200 g Sahnequark,
knapp 1/8 l Milch,
1/8 l Sahne,
1 säuerlicher Apfel,
2–3 Eßl. geriebener Meerrettich,
Zucker, Zitronensaft.

Für Dip 4:
150 g Joghurt,
150 g Crème fraîche,
2 schnittfeste Tomaten,
1/2 Salatgurke,
4 Knoblauchzehen,
1 Bund Dill,
Zitronensaft.

Gewaschene Kartoffeln als Pellkartoffeln kochen, dabei je 1 Eßlöffel Salz, Kümmel, Fenchel- und Dillsamen und etwas Pfeffer ins Kochwasser geben.
Während die Kartoffeln garen, die Dips zubereiten.
Dip 1: Geschälte Eier, Gurken, Pfefferkörner, Kapern und geschälte Schalotten hacken. Mit Schnittlauchröllchen, Petersilie, Crème fraîche und Mayonnaise verrühren. Mit Salz abschmekken. In ein Schälchen füllen.
Dip 2: Sahnequark mit Sahne und Crème fraîche glattrühren. Die Radieschen putzen, waschen, abtrocknen und mittelfein hacken. Paprikaschoten putzen und in kleine Würfel schneiden. Die geschälte Zwiebel und den gewaschenen, trockengeschwenkten Kerbel hacken. Alles unter den Quark mischen und mit Salz und Pfeffer pikant abschmecken. In ein Schälchen füllen.
Dip 3: Sahnequark mit der Milch glattrühren. Die Sahne steifschlagen und unterheben. Den gewaschenen Apfel reiben und zusammen mit dem Meerrettich in den Quark geben. Mit Salz, Zucker und Zitronensaft abschmecken. In ein Schälchen füllen.
Dip 4: Joghurt und Crème fraîche verrühren. Die Tomaten häuten, achteln, entkernen und von den grünen Stengelansätzen befreien. Das Fruchtfleisch würfeln. Die Gurke schälen und nicht zu fein hobeln. In einem Küchentuch leicht ausdrücken. Die geschälten Knoblauchzehen und den abgespülten, trockengeschwenkten Dill hacken. Alles unter das Joghurt mischen und mit Zitronensaft, Salz und Pfeffer abschmecken. In ein Schälchen füllen.

Die Kartoffeln abgießen und ausdämpfen lassen (siehe Seite 73), in eine Schüssel mit Deckel geben. Schälchen mit den Dips im Kreis um die Schüssel stellen. Jeder schält sich seine Kartoffeln selbst, viertelt sie und steckt die Viertel einzeln auf eine Fonduegabel. Dann durch die Dips ziehen und auf den Teller abstreifen. Man kann aber auch Fondueteller verwenden, bei denen sich jeder verschiedene Dips auf seinen Teller füllen kann.
Zu diesem deftigen Essen einen trockenen Weißwein oder ein kühles Bier reichen.

Pellkartoffeln mit Kräuterquark

4 Portionen à ca. 2115 kJ (505 kcal)

1000 g neue, mehlig festkochende Kartoffeln,
1 Teel. Salz,
1 Teel. getrockneter Majoran,
1 Teel. Fenchelsamen,
500 g Sahnequark,
2 Eigelb,
6 Eßl. Sahne,
2 Bund gemischte Kräuter der Saison,
4 schnittfeste Tomaten,
1 Frühlingszwiebel,
Salz,
weißer Pfeffer,
1 Prise Zucker.

Kartoffeln unter fließendem Wasser gründlich abbürsten, dann als Pellkartoffeln mit Salz, Majoran und Fenchelsamen kochen.
In der Zwischenzeit den Sahnequark mit den Eigelb und der Sahne glattrühren.
Die Kräuter abspülen, trockenschwenken und hacken. Die Tomaten häuten, vierteln, von den grünen Stengelansätzen befreien, entkernen und würfeln. Die Frühlingszwiebel putzen. Den hellen Teil hacken, die grünen Blatteile in Ringe schneiden. Kräuter, Tomaten und Zwiebel mit dem Quark mischen. Mit Salz, Pfeffer und Zucker pikant abschmecken und in eine Servierschüssel füllen.
Die Kartoffeln abgießen, ganz kurz abschrecken, dann ausdämpfen lassen und getrennt zu dem Kräuterquark servieren. Bei Tisch schält sich dann jeder selbst seine Kartoffeln.
Dazu Kopfsalat in Kräutermarinade und eventuell noch frische, gesalzene Butter reichen. Als Getränk passen sowohl kühles Bier als auch trockener Weißwein.

Kartoffeltörtchen

4 Portionen à ca. 3475 kJ (830 kcal)

750 g mehlig festkochende Kartoffeln,
4 Eier,
20 g Butter,
2 Eßl. saure Sahne oder Crème fraîche,
200 g grob geraffelter Emmentaler Käse,
Salz,
geriebene Muskatnuß,
Margarine zum Einfetten,
125 g Schinkenspeck,
100 g Crème fraîche,
2 Eßl. Semmelbrösel.

Die gewaschenen Kartoffeln als Pellkartoffeln kochen, abgießen, abschrecken, pellen und rasch durch die Presse drücken. Mit einem Ei, Butter, saurer Sahne oder Crème fraîche und 75 g Käse verrühren. Mit wenig Salz und reichlich Muskatnuß abschmecken. Die Masse in einen Spritzbeutel mit glatter Tülle füllen.
Ein Backblech einfetten. Zuerst schneckenförmig vier Böden darauf spritzen, dann den Rest der Masse in dicken Tupfen als Rand um die Böden setzen. Das Blech in den vorgeheizten Backofen (200°, Gas Stufe 3) schieben und die Böden 10 Minuten vorbacken lassen.
In der Zwischenzeit den Schinkenspeck fein würfeln. Die restlichen Eier mit dem Rest Käse und der Crème fraîche verrühren. Die Törtchen zuerst mit Schinkenspeck bestreuen, dann die Käsemasse darüber streichen. Wieder in den Backofen schieben und in 20 Minuten fertig backen. Heiß servieren.
Dazu Salate der Saison und einen frischen, trokkenen Weißwein reichen.

Pellkartoffeln
mit Kräuterquark

Frühlingskartoffeln

4 Portionen à ca. 880 kJ (210 kcal)*

**4 gleichgroße, mehlig festkochende Kartoffeln von je etwa 150 g,
Salz,
1 Teel. Kümmel,
1 Teel. getrockneter Majoran,
3 Frühlingszwiebeln,
½ Bund Kerbel,
100 g frische Krabben,
schwarzer Pfeffer aus der Mühle,
40 g Butter.**

Gewaschene Kartoffeln in starkem Salzwasser, in das auch Kümmel und Majoran gegeben wurde, in 25 bis 30 Minuten weichkochen. Abgießen und ausdämpfen lassen. Dann an einer Längsseite über Kreuz einschneiden und mit einem Teelöffel vorsichtig das Innere, die Pulpe, herauslösen.
Die Frühlingszwiebeln putzen und fein hacken, das Zwiebelgrün in hauchdünne Ringe schneiden. Den abgespülten, trockengeschwenkten Kerbel hakken. Beides zusammen mit den Krabben unter ⅔ der Kartoffelmasse mischen, mit Salz und Pfeffer abschmecken.
Die Mischung vorsichtig wieder in die Kartoffeln füllen, eine Vertiefung hineindrücken und mit jeweils 10 g Butter füllen.
Die Kartoffeln in eine feuerfeste Form setzen und im vorgeheizten Backofen (220°, Stufe 4) etwa 10 Minuten überbacken. Dann sofort servieren.
Frühlingskartoffeln schmecken besonders gut als Vorspeise vor einem leichten Fleisch- oder Fischgericht.

Hessischer Kartoffelkuchen

6 Portionen à ca. 2195 kJ (525 kcal)

**2000 g mehlig festkochende Kartoffeln,
¼ l Milch,
50 g Grieß,
2 Teel. Salz,
200 g durchwachsener Speck,
4 Zwiebeln,
1 Knoblauchzehe,
20 g Butter.**

Alle Kartoffeln waschen, schälen und reiben. Einige Zeit stehen lassen, damit die Flüssigkeit nach oben steigt.
Die Milch aufkochen, den Grieß einrieseln lassen und etwa 10 Minuten quellen lassen. Die Kartoffelflüssigkeit abgießen, Grieß und Salz zu den Kartoffeln geben und alles gut mischen.
Den Speck würfeln und in einer Pfanne bei nicht zu starker Hitze auslassen. Zwiebeln und Knoblauchzehe schälen und hacken. Die Butter in dem Speckfett erhitzen, Zwiebeln und Knoblauch hineingeben und glasig braten.
Mit der Hälfte dieser Mischung den Boden einer flachen feuerfesten Form belegen und darüber die Kartoffelmasse streichen. Mit der restlichen Speck-Zwiebel-Mischung bedecken und in den vorgeheizten Backofen (180°, Gas Stufe 1) schieben. Der Kuchen ist nach etwa 2 Stunden gar und wird in der Form serviert. Er schmeckt warm am besten.
Dazu neuen Wein oder einen trockenen Riesling reichen.

Kartoffel-Pizza

4 Portionen à ca. 2175 kJ (520 kcal)

350 g mehlig festkochende Kartoffeln,
150 g Mehl,
20 g Hefe,
½ Teel. Zucker,
Salz,
geriebene Muskatnuß,
1 Dose Tomaten (800 g),
1 Eßl. Olivenöl,
Oregano,
100 g Emmentaler Käse,
100 g Salami,
12 mit Pimientos gefüllte grüne Oliven.

Die gewaschenen Kartoffeln als Pellkartoffeln kochen, abgießen, abschrecken und pellen. Dann rasch durch die Presse geben. Mit dem Mehl vermischen und in die Mitte eine Vertiefung drücken. Die Hefe hineinbröckeln und mit dem Zucker und 1 bis 2 Eßlöffel lauwarmem Wasser verrühren. Zugedeckt an einem warmen Ort 20 Minuten gehen lassen. Dann gut durchkneten, mit Salz und Muskatnuß abschmecken und nochmal gehen lassen.
Die Tomaten abgießen, den Saft anderweitig verwenden.
Eine Springform von 26 cm Durchmesser mit dem Olivenöl einfetten und die Teigmasse hineindrücken, dabei einen Rand hochziehen. Den Teig mit den leicht zerdrückten Tomaten belegen und mit Oregano bestreuen. Käse in hauchdünne Scheiben hobeln, die Salami zu großen Tüten drehen. Beides über die Pizza verteilen. Die Oliven halbieren und auf die Pizza legen. Die Form in den vorgeheizten Backofen (250°, Gas Stufe 5) schieben und die Pizza 35 Minuten backen. Heiß servieren.
Dazu Salat der Saison und einen roten Landwein reichen.

Würstchen im Kartoffelmantel

4 Portionen à ca. 1755 kJ (420 kcal)

500 g Kartoffeln,
50 g Grieß,
50 g Mehl,
2 Eigelb,
30 g Butter,
Salz,
1 Prise geriebene Muskatnuß,
Mehl zum Ausrollen,
4 Wiener Würstchen,
60 g Butterschmalz.

Kartoffeln waschen, schälen und als Salzkartoffeln kochen, abgießen, ausdämpfen lassen und durch die Kartoffelpresse drücken. Mit Grieß, Mehl, Eigelb und Butter zu einem festen Teig verkneten, eventuell etwas mehr Grieß und Mehl (zu gleichen Teilen) dazugeben. Mit Salz und Muskatnuß abschmecken und auf der bemehlten Arbeitsfläche mit dem ebenfalls bemehlten Nudelholz etwa 2 cm dick ausrollen. Den Teig in vier gleichgroße Rechtecke teilen und die Würstchen darin einschlagen.
Butterschmalz in zwei Pfannen erhitzen und die Würstchenrollen darin bei anfänglich starker, dann ganz mäßiger Hitze rundherum knusprig braun braten. Sofort auf einer vorgewärmten Platte servieren.
Dazu entweder Weinsauerkraut oder Salate der Saison reichen. Als Getränk passen sowohl Bier als auch ein trockener Riesling, den man auch zum Kochen des Sauerkrauts verwenden sollte.

Gefüllte Kartoffeln

6 Portionen à ca. 1215 kJ (290 kcal)

6 große, mehlig festkochende Kartoffeln, 2 Eßl. Öl, 200 g Schinkenspeck, 4 kleine Zwiebeln, 1 große rote Paprikaschote, 250 g schnittfeste Tomaten, 250 g frische Champignons, ½ Bund glatte Petersilie, 2–3 Liebstöckelstengel, 4 Eßl. Crème fraîche oder süße Sahne, 10 g Butter.

Die Kartoffeln gründlich unter fließendem Wasser abbürsten und abtrocknen. 6 große Stücke Alufolie zuschneiden und mit Öl bestreichen. Die Kartoffeln locker darin einschlagen und im vorgeheizten Backofen (250°, Gas Stufe 6) 35 Min. vorgaren.
In der Zwischenzeit die Füllung zubereiten. Den Speck fein würfeln und in einer großen Pfanne bei nicht zu starker Hitze auslassen. Die Zwiebeln schälen, fein hacken und in dem Speckfett glasig braten.
Die Paprikaschote putzen, waschen, abtropfen lassen und würfeln. Die Tomaten abziehen, vierteln, von den grünen Stengelansätzen befreien, entkernen und das Fruchtfleisch würfeln.
Die Champignons putzen, mit einem Küchentuch abreiben, halbieren oder vierteln. Alles in die Pfanne geben und 3 Minuten dünsten.
Petersilie und Liebstöckel abspülen, trockenschwenken und hacken (die Liebstöckelblätter zuvor von den Stielen zupfen).
Kräuter und Crème fraîche oder Sahne unter die Schinken-Gemüse-Mischung geben.
Die Kartoffeln aus der Folie nehmen, halbieren und mit einem Löffel etwas aushöhlen. Die Füllung hineingeben und die freien Ränder der Kartoffeln mit zerlassener Butter bestreichen. Die Kartoffeln wieder in den Ofen schieben. Noch 15 Minuten garen lassen, sofort heiß servieren.
Dazu einen kräftigen Weißwein oder Bier mit einem kühlen Schnaps reichen.

Appenzeller Kartoffeln

4 Portionen à ca. 2490 kJ (595 kcal)

8 mittelgroße, mehlig festkochende Kartoffeln, 200 g Appenzeller Käse (16 Scheiben), 1 Bund frisches Basilikum, 16 Scheiben durchwachsener Speck oder Schinkenspeck.

Kartoffeln unter fließendem Wasser gründlich abbürsten, abtrocknen und längs zweimal durchschneiden.
Die Schnittflächen mit Käse belegen und den Käse mit dem grob gehackten Basilikum bestreuen. Die Kartoffeln wieder zusammensetzen und mit je 2 Scheiben Speck umwickeln. Den Speck mit Holzstäbchen feststecken.
Die Kartoffeln in eine feuerfeste Form setzen und in dem vorgeheizten Backofen (240°, Gas Stufe 5) in 50 Minuten garen. Die Kartoffeln aus der Folie nehmen und heiß servieren.
Als Hauptgericht schmekken dazu leichte, unpanierte Fleischstücke. Als Vorspeise passen diese Kartoffeln zu allen Fischgerichten.

Gefüllte Kartoffeln

Kartoffelsalat zum Mixen

8 Portionen à ca. 2115 kJ (505 kcal)

1500 g festkochende Kartoffeln,
1 Teel. Fenchelsamen,
1 Eßl. Salz,
¼ l heiße Fleischbrühe,
1 Eßl. mittelscharfer Senf,
5 Eßl. bester Kräuteressig,
8 Eßl. Sojaöl,
2 Bund Schnittlauch,
2 Bund Radieschen,
200 g Fleischwurst,
150 g roher Schinken,
1 Glas Miesmuscheln im eigenen Saft (ca. 200 g),
100 g Emmentaler Käse,
1 Kästchen Kresse,
3–4 Frühlingszwiebeln,
4 schnittfeste Tomaten,
½ Salatgurke,
2 Gewürzgurken,
1 Glas Kapern.

Die gewaschenen Kartoffeln als Pellkartoffeln kochen, dabei Salz und Fenchelsamen ins Kochwasser geben. Die Kartoffeln abgießen, abschrecken, pellen, etwas abkühlen lassen.
Dann in Würfel oder Scheiben schneiden und in einer großen Schüssel mit der heißen Fleischbrühe übergießen. Senf, Essig und Öl zu einer Marinade verrühren und unter die Kartoffeln mischen. Die Kartoffeln in eine Servierschüssel füllen, mit einigen Schnittlauchröllchen bestreuen und abkühlen lassen.
Den übrigen, in Röllchen geschnittenen Schnittlauch in ein Portionsschälchen füllen.
Die Radieschen putzen, waschen und in Scheiben schneiden. Die Pelle von der Fleischwurst abziehen und die Wurst fein würfeln oder in dünne Scheiben schneiden. Den rohen Schinken in feine Streifen schneiden. Miesmuscheln abtropfen lassen. Den Käse grob raffeln oder ganz fein würfeln. Kresse abspülen, trockenschwenken und die Blättchen abschneiden. Frühlingszwiebeln putzen, das Grün in dünne Ringe, die Zwiebeln in feine Scheiben oder in Sechzehntel schneiden. Tomaten achteln und von den Stengelansätzen befreien. Die Salatgurke schälen und würfeln, ebenso die ungeschälten Gewürzgurken. Alles in kleine Portionsschälchen füllen, nur die Kapern in ihrem Glas lassen.
Alles um die Salatschüssel anrichten. Jeder mischt sich dann seinen Salat mit beliebigen Zutaten. Zusätzlich noch gekaufte Mayonnaise und einige Salatsoßenmischungen auf den Tisch stellen. Auch Essig und Öl nicht vergessen.
Zu diesem lustigen Kartoffelsalat schmeckt Bier besonders gut.
Variationen: Kartoffelsalat zum Mixen ist sozusagen für alle Wünsche frei. Außer den in dem Rezept angegebenen Zutaten kann man je nach Belieben noch frische Krabben, Scampi, Shrimps, Räucherfisch, Schinken, Lachsschinken, gekochte Klößchen von Kalbsbratwurstbrät, gekochtes oder gebratenes Geflügelfleisch mit den Salatzutaten mischen. In einigen dieser Zusammensetzungen ist der Salat eine sehr gute Vorspeise bei festlichen Menüs.

Kartoffelpudding

4 Portionen à ca. 2970 kJ (710 kcal)

600 g mehlig festkochende Kartoffeln,
200 g roher Schinken,
1 Bund Petersilie,
1 Bund Schnittlauch,
125 g Grieß,
4 Eier,
1/8 l Milch oder saure Sahne,
125 g geraspelter Emmentaler Käse,
Salz,
schwarzer Pfeffer aus der Mühle,
geriebene Muskatnuß,
Margarine zum Einfetten,
Semmelbrösel zum Ausstreuen.

Kartoffeln waschen und als Pellkartoffeln kochen, abgießen, abschrecken, pellen und sofort durch die Kartoffelpresse drücken.
Den Schinken fein würfeln, die gewaschenen, trockengeschwenkten Kräuter hacken. Beides zusammen mit dem Grieß, den Eiern, der Milch oder sauren Sahne und dem Käse unter die Kartoffeln mischen. Den Teig mit Salz, Pfeffer und Muskatnuß abschmecken. Eine Puddingform mit Margarine einfetten und mit Semmelbrösel ausstreuen. Die Masse dreiviertel voll hineingeben. Form schließen und in ein kochendes Wasserbad stellen. Die Form muß mindestens zu 2/3 im Wasser stehen. Die Garzeit beträgt 70 Minuten. Den Pudding dann noch etwa 15 Minuten in dem Wasserbad stehen lassen, danach aus der Form lösen, auf eine Platte stürzen und sofort servieren.
Dazu Tomatensoße aus frischen Tomaten oder Frankfurter Grüne Soße und Kopfsalat reichen.

Tip *In diesem Pudding lassen sich statt Schinken auch Reste von gebratenem oder gekochtem Fleisch oder gebratenem Fisch „verarbeiten".*

Kartoffelbrötchen

10 Brötchen à ca. 1025 kJ (245 kcal)

375 g mehlige Kartoffeln,
500 g Weizenmehl,
40 g Hefe,
1/8 l lauwarmes Wasser,
1 Teel. Salz,
1 Teel. getrockneter Majoran,
1 Teel. getrocknete Dillspitzen,
Margarine zum Einfetten,
1 Eigelb,
3 Eßl. Mohn,
1/2 Teel. grobes Meersalz.

Gewaschene Kartoffeln am Vortag als Pellkartoffeln kochen, abgießen, abschrecken, pellen, zugedeckt kühl stellen.
Am nächsten Tag Kartoffeln fein reiben und mit dem Mehl mischen. In die Mitte eine Mulde drücken. Die Hefe mit dem Wasser verrühren, hineingeben und nach und nach mit der Mehl-Kartoffel-Masse zu einem Vorteig verrühren. An einem warmen Ort mit einem Küchentuch bedeckt 20 Minuten gehen lassen. Dann kräftig durchkneten, weitere 20 Min. gehen lassen. Nun erst Salz und Kräuter in den Teig kneten.
Mit bemehlten Händen aus dem Teig 10 Kugeln formen und diese dicht aneinander wie zu einem runden Brot auf das gefettete Backblech setzen. Das Eigelb mit etwas Wasser verquirlen und die Brötchen damit bestreichen. Mohn und Salz mischen und über die Brötchen streuen. Im vorgeheizten Backofen (220°, Gas Stufe 4) 30 Minuten backen.
Die Brötchen warm mit gesalzener Butter als Vorspeise mit einem trockenen Weißwein oder als Imbiß mit einem kühlen Bier reichen.

Pikanter Kartoffelkuchen

6 Portionen à ca. 2155 kJ (515 kcal)

1 Paket Fertigmischung „Bauernbrot", 500 g mehlig festkochende Kartoffeln, Salzwasser, Butter zum Einfetten, 150 g roher Schinken oder Schinkenspeck, 3 Eier, 1 Becher Sahne (200 g), Salz, schwarzer Pfeffer aus der Mühle, geriebene Muskatnuß.

Die Brotmischung nach Vorschrift zubereiten und gehen lassen.
Die gewaschenen Kartoffeln schälen und in reichlich kochendes Salzwasser geben. Das Wasser wieder aufkochen lassen und die Kartoffeln darin 5 Minuten vorgaren, abgießen und ausdämpfen lassen.
Ein Backblech mit reichlich Butter ausstreichen. Den Teig so dünn wie möglich darauf streichen. In Scheiben geschnittene Kartoffeln dachziegelartig auf den Teig legen. Schinken oder Schinkenspeck fein würfeln und darüberstreuen. Eier und Sahne verquirlen, mit Salz, Pfeffer und Muskatnuß pikant würzen und über den Kuchen verteilen. Im vorgeheizten Backofen (220°, Gas Stufe 4) etwa 35 Minuten backen. Den Kuchen rasch vom Blech lösen, heiß servieren.
Der Kuchen schmeckt besonders gut zu neuem Wein oder zu kühlem Bier. Man kann ihn aber auch mit frischem Salat als deftige Abendmahlzeit reichen.

Schweizer Kartoffeltorte

Insgesamt ca. 4185 kJ (1000 kcal)

200 g mehlig festkochende Kartoffeln, 4 Eigelb, 200 g Zucker, Saft und Schale einer unbehandelten Zitrone, 3 Eßl. Sahne, 2 Eßl. Kirschwasser, 100 g gemahlene Haselnüsse, 100 g gemahlene Mandeln, 60 g Grieß, 1 Teel. Backpulver, 5 Eiweiß, Butter zum Einfetten, 250 g Himbeerkonfitüre, 2 Eßl. Himbeersirup, Puderzucker zum Bestäuben, Haselnüsse zum Garnieren.

Gewaschene Kartoffeln am Vortag als Pellkartoffeln kochen, abgießen, abschrecken. Am nächsten Tag pellen und so fein wie möglich reiben.
Eigelb mit Zucker schaumig rühren, nach und nach Zitronensaft und -schale, Sahne und Kirschwasser unterschlagen, bis eine cremige Masse entstanden ist.
Dann Kartoffeln, Nüsse, Mandeln, Grieß und Backpulver untermischen.
Das Eiweiß zu steifem Schnee schlagen und locker, aber gründlich unterziehen.
Eine Springform von 26 cm Durchmesser einfetten und den Teig hineinfüllen. Den Kuchen im vorgeheizten Backofen (180°, Gas Stufe 3) 45 Minuten backen. Aus der Form lösen und auf einem Kuchendraht abkühlen lassen. Dann quer durchschneiden und mit Himbeerkonfitüre füllen. Die Oberfläche mit Himbeersirup einpinseln und dick mit Puderzucker bestäuben. Mit Haselnüssen garnieren.
Die Torte schmeckt sowohl als Kaffeegebäck als auch zu einem süffigen Weißwein.

Tip *Statt Haselnüssen und Mandeln kann man auch 200 g gemahlene (Fleischwolf feinste Scheibe) Walnüsse oder halb Maroni (Eßkastanien) und halb Pekan- oder Erdnüsse verwenden.*

Pikanter Kartoffelkuchen

Schweizer Kartoffeltorte

Grillkartoffeln

4 Portionen à ca. 1570 kJ (375 kcal)

8 gleichgroße Kartoffeln von je ca. 125 g (mehlig festkochend), 2 Eßl. Olivenöl, 1 Eßl. grobes Salz (am besten Meersalz), je 1 Teel. gerebelter Thymian, Majoran, Rosmarinnadeln und getrocknete Petersilie, 80 g Butter.

Die Kartoffeln gründlich unter fließendem Wasser abbürsten und abtrocknen. Acht große Stücke Alufolie zuschneiden. Die Kartoffeln zuerst mit Olivenöl rundherum einpinseln, dann in einer Mischung aus Salz und Kräutern wenden. Auf die Folie setzen und diese locker um die Kartoffeln schlagen, dann gut verschließen. Die Kartoffeln entweder auf dem Holzkohlengrill oder in der glimmenden Glut etwa 40 Minuten garen.
Die Kartoffelpakete öffnen, die Kartoffeln oben über Kreuz einschneiden, leicht auseinanderbiegen und je 10 g Butter hineingeben. Dann die Kartoffeln nach oben hin wieder zusammendrücken, damit sich die Butter mit der Pulpe verbindet. Die Kartoffeln mit einem Löffel aus der Schale essen. Grillkartoffeln schmecken zu allen Fleisch- und Fischsorten, die auf dem offenen Holzkohlengrill zubereitet werden.

Tip *Wenn Sie auf dem Grill nur Fleisch oder Fisch mit kurzer Garzeit zubereiten, müssen die Kartoffeln entsprechend früher auf den Grill oder in die Glut gelegt werden. Man kann sie jedoch auch im Backofen bei 250° oder Gas Stufe 5 vorgaren.*

Majorankartoffeln

4 Portionen à ca. 795 kJ (190 kcal)*

600 g möglichst gleichgroße Kartoffeln, 40 g Butterschmalz, 1 Eßl. frische Majoranblätter, ersatzweise 1 Teel. getrockneter Majoran, Salz.

Gewaschene Kartoffeln als Pellkartoffeln kochen. Abgießen, abschrecken und pellen. Abkühlen lassen, in Scheiben schneiden.
Das Butterschmalz in einer großen Pfanne erhitzen. Die Kartoffelscheiben hineingeben. Mit dem feingehackten, frischen oder getrockneten Majoran bestreuen. Nach Belieben mit Salz würzen. Die Unterseite anbraten. Dabei die Kartoffelscheiben mit einem Stampfer leicht zerdrücken. Unter häufigem Wenden knusprig braun braten, dabei immer wieder stampfen, die Kartoffeln dürfen jedoch nicht musig werden.
Majorankartoffeln bei einem festlichen Menü als Beilage zu Schweinebraten mit Kruste, zu Kalbshaxe, glasiertem Kalbsbraten oder zu Spanferkel reichen.

Kaviarkartoffeln

4 Portionen à ca.
1215 kJ (290 kcal)*

4 große, neue Kartoffeln (mehlig festkochend), 1 Eßl. Fenchelsamen, 1 Eßl. grobes Meersalz, 200 g Crème fraîche, 100 g Kaviar.

(siehe Titelfoto)

Kartoffeln gründlich abbürsten, abtrocknen und oben über Kreuz einschneiden, nur knapp 3 mm tief. Fenchelsamen und Meersalz mischen und die Kartoffeln darin wenden. Dann einzeln locker in Alufolie einschlagen. Die Folie fest verschließen.
Die Kartoffeln im vorgeheizten Backofen (240°, Gas Stufe 4) in 45 Minuten garen. Auf Portionstellern anrichten, die Mitte leicht aufbrechen, mit Crème fraîche und Kaviar füllen und rasch servieren.
Diese Kartoffeln sind ein Hochgenuß als Vorspeise, zu denen ein Glas Sekt oder Champagner gereicht werden kann.
Wem echter, russischer Kaviar zu teuer ist, kann auch den preiswerten roten Keta-Kaviar oder den gelben Lachsforellen-Kaviar verwenden. Nur den kleinkörnigen deutschen Kaviar sollte man nicht nehmen, er hat einen zu salzigen, intensiv fischigen Geschmack.
Variationen: Statt Crème fraîche und Kaviar gehacktes Ei und frische Butter in die Kartoffeln geben, dabei das Salz nicht vergessen. Oder eine Vinaigrette aus gehacktem Ei, Essig, Öl, vielen Kräutern und Gewürzen bereiten und zu den Kartoffeln reichen.

Veroneser Kartoffelplätzchen

4 Portionen à ca.
1275 kJ (305 kcal)

500 g mehlige Kartoffeln, Salz, 1 Eßl. Speisestärke, 4 Eigelb, 2 Eßl. Crème fraîche, 1 Teel. getrocknetes Basilikum, geriebene Muskatnuß, ½ Teel. Zimt, 1 Prise gemahlene Nelken, 2 Eßl. Mehl, 50 g Butter.

Die Kartoffeln schälen und im Ganzen als Salzkartoffeln kochen. Abgießen, ausdämpfen lassen, rasch durch die Kartoffelpresse drücken und mit Speisestärke, Eigelb, Crème fraîche und den Gewürzen mischen. Mit Salz nachwürzen.
Auf einer gut bemehlten Arbeitsfläche mit bemehlten Händen aus dem Teig eine Rolle von ca. 6 cm Durchmesser formen, in Alufolie wickeln und 2 bis 3 Stunden in den Kühlschrank legen. Dann mit einem ebenfalls bemehlten Messer die Rolle in etwa 1 cm dicke Scheiben schneiden.
Die Butter in zwei Pfannen erhitzen und die Plätzchen darin auf beiden Seiten in etwa 8 Minuten knusprig braun braten. Sofort servieren.
Bei einem festlichen Menü als Beilage zu Geflügel, Wild oder dunklen Braten reichen.

Raclette

8 Portionen à ca. 3995 kJ (955 kcal)

1600 g mehlig festkochende Kartoffeln, 1 Eßl. Kümmel, 1 Eßl. Salz, 1 Teel. Fenchelsamen, 1600 g Raclette-Käse am Stück (ersatzweise Schweizer Bergkäse, Appenzeller oder Gomser), je 1 Glas Perlzwiebeln, Cornichons (Pfeffergürkchen) und Mixed Pickles.

Raclette kann man auf zweierlei Arten zubereiten. Entweder man läßt den Käse scheibenweise in speziellen Portionspfännchen, die von unten beheizt werden, schmelzen oder man läßt den Käse am Stück und schmilzt immer nur die Oberfläche vor einer Heizquelle. Diese Heizquelle kann sowohl ein spezieller Raclette-Ofen, wie auch ein Tischgrill sein. Der Name Raclette stammt von dem so benannten Schabemesser, mit dem man bei der letzteren Methode den geschmolzenen Käse auf den Teller schabt (siehe Foto).

Die gewaschenen Kartoffeln als Pellkartoffeln kochen. Kümmel, Salz, Fenchelsamen mit ins Kochwasser geben. Die Kartoffeln abgießen und ausdämpfen lassen (siehe Seite 73). Heiß servieren und erst bei Tisch pellen. Den Käse wie beschrieben schmelzen lassen. Bei der ersten Methode (Portionspfännchen) versorgt sich jeder selbst, bei der anderen Methode sollte das Abschaben umschichtig übernommen werden.

Dazu können je nach Belieben Perlzwiebeln, Cornichons und/oder Mixed Pickles gegessen werden. Das passende Getränk ist ein trockener Weißwein, es schmecken jedoch auch ein Bier oder gut gekühlter Cidre.

Spanisches Pinienkerngebäck

Insgesamt ca. 14855 kJ (3550 kcal)

250 g mehlig festkochende Kartoffeln, 250 g gemahlene Mandeln, 250 g Zucker, 2 Eigelb, einige Tropfen Rumaroma, 100 g Pinienkerne.

Kartoffeln am Vortag als Pellkartoffeln kochen, abgießen und ausdämpfen lassen.

Am nächsten Tag schälen und ganz fein reiben. Mit Mandeln, Zucker und Eigelb zu einem festen Teig verkneten und nach Belieben einige Tropfen Rumaroma dazugeben.

Aus dem Teig mit angefeuchteten Händen Kügelchen von etwa 3 cm Durchmesser formen und in den Pinienkernen wälzen. Die Pinienkerne leicht andrücken. Ein Backblech mit Alufolie belegen und die Kugeln daraufsetzen. 24 Stunden an einem kühlen Ort trocknen lassen.

Dann im vorgeheizten Backofen (160°, Gas Stufe 1) 25 Minuten backen. Die Kugeln auf dem Blech abkühlen lassen. In eine mit Pergamentpapier ausgekleidete Blechbüchse legen, aber möglichst innerhalb einer Woche verzehren.

Das Gebäck schmeckt sowohl zu Kaffee und Tee als auch zu einem halbtrockenen Sherry oder halbtrockenen Weißwein.

Raclette

Die besten Kartoffeln aus deutschen Landen

Hier finden Sie die acht „gängigsten", vom Verbraucher erprobten und für gut befundenen Kartoffelsorten. Jede hat ihre speziellen Eigenschaften: Zum Teil können die Sorten eingekellert werden, zum Teil müssen die Kartoffeln recht bald nach der Ernte verzehrt werden. Einige kommen im Frühjahr, andere erst im Spätsommer auf den Markt. Eins haben alle unsere Kartoffeln jedoch gemeinsam: Sie schmecken ganz vorzüglich und sind sehr gesund.

HELA

Sie gehört zu den sehr frühen Sorten, die sofort verbraucht werden müssen. Die Schale ist genetzt und ockerfarbig, das Fleisch gelb und vorwiegend festkochend. Bei zu langer Kochzeit kann die Schale leicht aufspringen.
„Hela" ist besonders geeignet als Salatkartoffel.

DATURA

Eine ovale bis rundovale Form und eine ähnliche Schale wie die der „Hela" ist charakteristisch. Das Fleisch ist gelb und mehlig festkochend. Sie gehört zu den mittelspäten bis späten Sorten und kann eingekellert werden. Jedoch hat sie tiefliegende Augen, die leicht keimen. „Datura" ist besonders für Salzkartoffeln und Pürees geeignet.

IRMGARD

Eine mittelfrühe Sorte, die rund oder oval sein kann. Die Schale ist ocker und genetzt. Das Fleisch ist gelb und mehlig festkochend, dabei jedoch sehr locker und trocken. „Irmgard" ist deshalb besonders gut als Salzkartoffel und für Eintöpfe geeignet, aber auch für Klöße und Knödel.

CLIVIA

Diese Kartoffel gehört ebenfalls zu den mittelfrühen Sorten, die begrenzte Zeit lagerfähig sind. Sie ist rund bis rundoval und hat eine matt ockerfarbige, rauhe Schale. Das Fleisch ist gelb bis tiefgelb und festkochend. Der Geschmack ist besonders gut. „Clivia" ist als Salatkartoffel, Salzkartoffel und vor allem auch als Bratkartoffel geeignet, da sie wenig aufspringt.

Mit Kartoffeln lebt man ernährungsbewußt. Sie sind reich an wertvollen Vitaminen und Mineralstoffen, haben einen hohen Stärkeanteil und sind – von wenigen Ausnahmen der Zubereitung abgesehen – leicht verdaulich. Eine normale Portion von 250 g Rohgewicht hat nur 218 Kalorien oder 916 Joule. Am gesündesten sind natürlich Pellkartoffeln. Aber auch Salzkartoffeln, in nur wenig Wasser gegart, verlieren nur einen kleinen Teil der wichtigen Nährstoffe.

HANSA

Zum Einkellern geeignet, obwohl sie zu den mittelfrühen Sorten gehört. Sie hat eine ovale bis langovale Form, eine genetzte gelbe Schale. Das Fleisch ist gelb und festkochend, der Geschmack ist ausgezeichnet. Sie eignet sich besonders gut als Salatkartoffel oder für rohe Klöße. Von Freunden fester Kartoffeln wird sie auch als Salzkartoffel sehr geschätzt.

GRATA

Auch eine mittelfrühe Sorte, die zum Einkellern geeignet ist. Sie hat eine runde bis rundovale Form und eine rauhe, matt ocker gefärbte Schale. Das Fleisch ist vorwiegend festkochend und von sehr gutem Geschmack. „Grata“ eignet sich für alle Zubereitungsarten (außer Püree), besonders jedoch für Pommes frites und andere fritierte Kartoffelspezialitäten.

SIEGLINDE

Eine frühe Sorte, die zum Einkellern nicht geeignet ist. Sie hat eine langovale bis lange Form und etwas tiefliegende Augen. Die Schale ist ocker und glatt, das Fleisch gelb und festkochend. „Sieglinde“ wird fast ausschließlich als Salatkartoffel verwendet. Sie eignet sich aber auch für Pommes frites und Bratkartoffeln sowie für Klöße aus rohen Kartoffeln.

MARITTA

Sie gehört zu den späten Sorten, die besonders gut zur Einkellerung geeignet sind. Die Form ist rundoval, die Haut ockerfarbig und meist glatt. Sie hat ein hellgelbes und kräftig schmeckendes Fleisch, das mehlig festkochend ist, jedoch bei zu langen Garzeiten leicht zerfällt. „Maritta“ ist eine gute Salzkartoffel und besonders geeignet für Pürees und Klöße aus gekochten Kartoffeln.

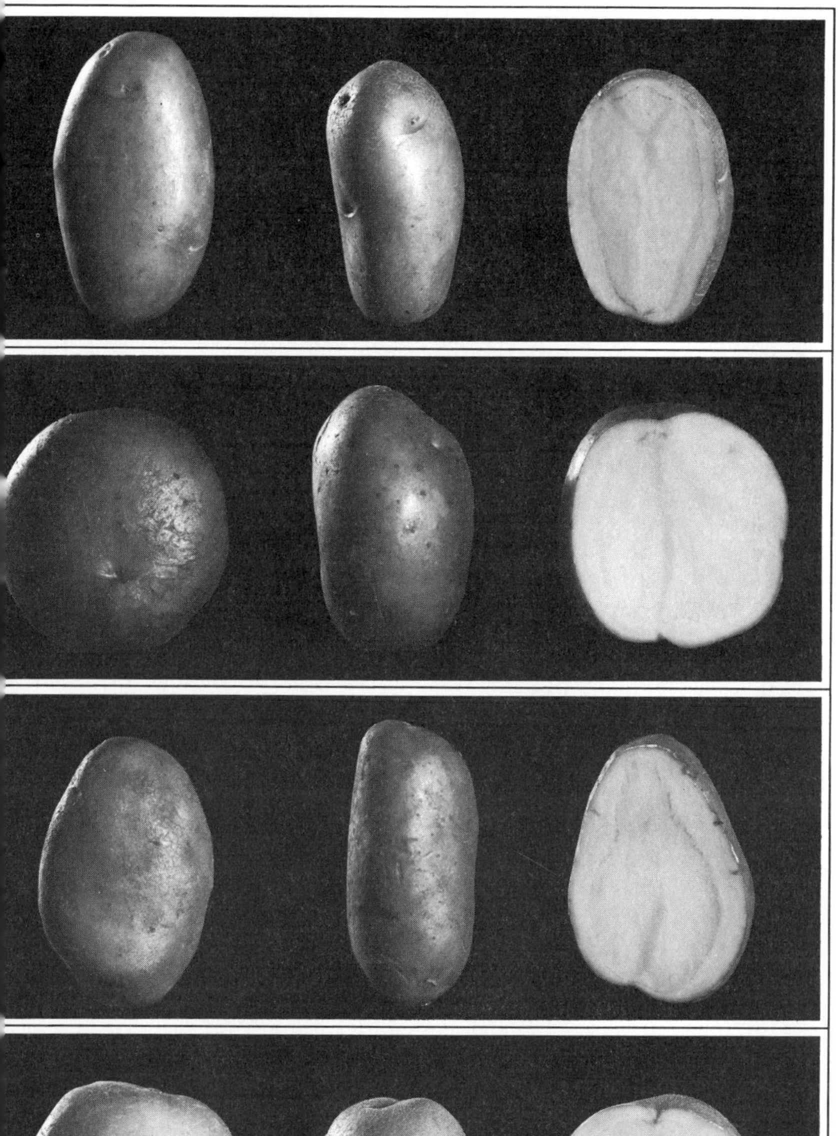

Alphabetisches Rezeptverzeichnis

K